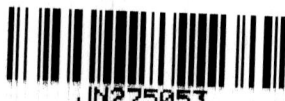

もっと エコ・ラッピング

正林恵理子

はじめに

かわいいもの、美しいものに囲まれて過ごしたパリでの日々。

毎日の生活で出会った日常的な包み方が、

私のデザインのもとになっています。

ディテールにこだわり、

なによりもオリジナリティを大切にするフランス人のエスプリが、

エコ・ラッピングの魅力を引き出してくれました。

この本では、身近な素材を使って手軽にできる包み方をまとめました。

日々の小さな発見から生まれるアイデアを形にして、

パリのイメージをラッピングで表現してみました。

大好きなパリの空気を感じながら、

包む楽しさを味わっていただけたらうれしいです。

FRANCE

chapter 5　紙コップ・紙皿で包む

chapter 6　食品パックで包む

COLUMN

TIPS

Natural Waxed Paper
75 SQ. FT. ROLL

chapter 1

準備するもの

何で包む？

封筒

封筒のサイズ
封筒にはいろんなサイズがあります。この本では、作品に使ったサイズを明記していますので、本文を参照してください。

洋形封筒（ようがた）
なんといってもデザインが豊富！　紙質も薄くてやわらかいもの、厚みがあってしっかりしたものなどさまざま。印象の違いを楽しんでみてください。

長形封筒（ながかた）
事務用封筒の特徴は、ハリとコシ。成形しやすく、角がしっかり作れ、美しい仕上がりになります。また、サイズの種類が豊富で便利です。

角形封筒（かくがた）
サイズが大きいので、いろいろな形を作ることができます。また、家庭用プリンターで好きな柄をそのまま印刷できるところも魅力です。

紙袋

紙袋の色
充実のカラーバリエーション。色違いで同じ柄のものも揃います。使う色によって、テイストが左右されるので、色選びは重要なポイントです。

紙袋の柄
無地、チェック、ストライプ、水玉など多様です。色と合わせて全体のイメージを決定づけるので、柄の大きさも主張しすぎないものを選んで。

紙袋のタイプ
この本では、マチが底と横にある角底袋を使用しています。マチの使い方で、形を変えることができ、応用が利きます。

紙袋のサイズ
小さいものから大きいものまで、サイズの種類は豊富。中身の大きさに合わせて選んでください。この本では主に角底袋4号を使用しています。

包装紙

自分で作る包装紙
地図や路線図、パンフレット、布など自分の好きなデザインのものなら何でも。そのままコピーしても、色やサイズを変えても◎。

グラシン紙
光沢のある半透明の薄い紙。1枚重ねるだけで醸し出される高級感、特別感。帯にして巻いたり、タグをカバーしても雰囲気が出る。

クラフト紙
強度があり、丈夫。ハリとコシがあるので折り目が美しく、きれいに仕上がる。漂白されていないナチュラルな色もかわいい。

薄葉紙（うすようし）
とても薄く繊細な紙。ワックス加工されたものもある。1枚が大きくやわらかいので、形を問わず包める。コサージュにも◎。

紙コップ・紙皿

紙コップ
色・柄・サイズが豊富。どこでも手に入る手軽な素材。最近は100円ショップでも、かわいいデザインのものが見つかる。

紙皿
色・柄・サイズ・材質が選べる。やわらかいもの、硬くて丈夫なものがある。成形するには、紙質がやわらかいタイプが扱いやすくておすすめ。

食品パック

イチゴパック
中央に浅いくぼみがあるクリアケース。1枚でも2枚組み合わせて使っても。2枚合わせると、高さのある物も包むことができる。

食品トレー
丸みを帯びた薄いプラスチックのトレー。サイズは大小さまざまで、正方形と長方形がある。色は白か黒のシンプルなものを使う。

豆腐パック
パックの深さや溝の入り方、白か透明か、正方形か長方形かなどデザインの違いがおもしろい。容器のかわいさで豆腐を選ぶことも。

牛乳パック
厚みがあり、丈夫。両面をポリエチレンでコーティングしてあるので、耐水性がある。そのまま食品を入れることができて便利。

いろんな紙

色紙
色・柄が豊富。100円ショップでもトレーシングペーパー、セロハン、ホイルカラーなど素材の違うものが揃い充実している。

レースペーパー
色・柄・サイズ・レースのデザインを選べる。最近は、色柄ものが充実。白ペーパーを紅茶やコーヒーで染めても味わいが出る。

ワックスペーパー
半透明、ナチュラルな茶色、色柄付きのものがある。食品をじかに包めて便利。しわをつけた風合いもすてき。

ボール紙
厚さ・大きさ・色が選べる。厚くて大きいものはラッピングに、薄いものはタグなどの材料に。厚みがかわいい。

何で飾る？

ラベル・タグ

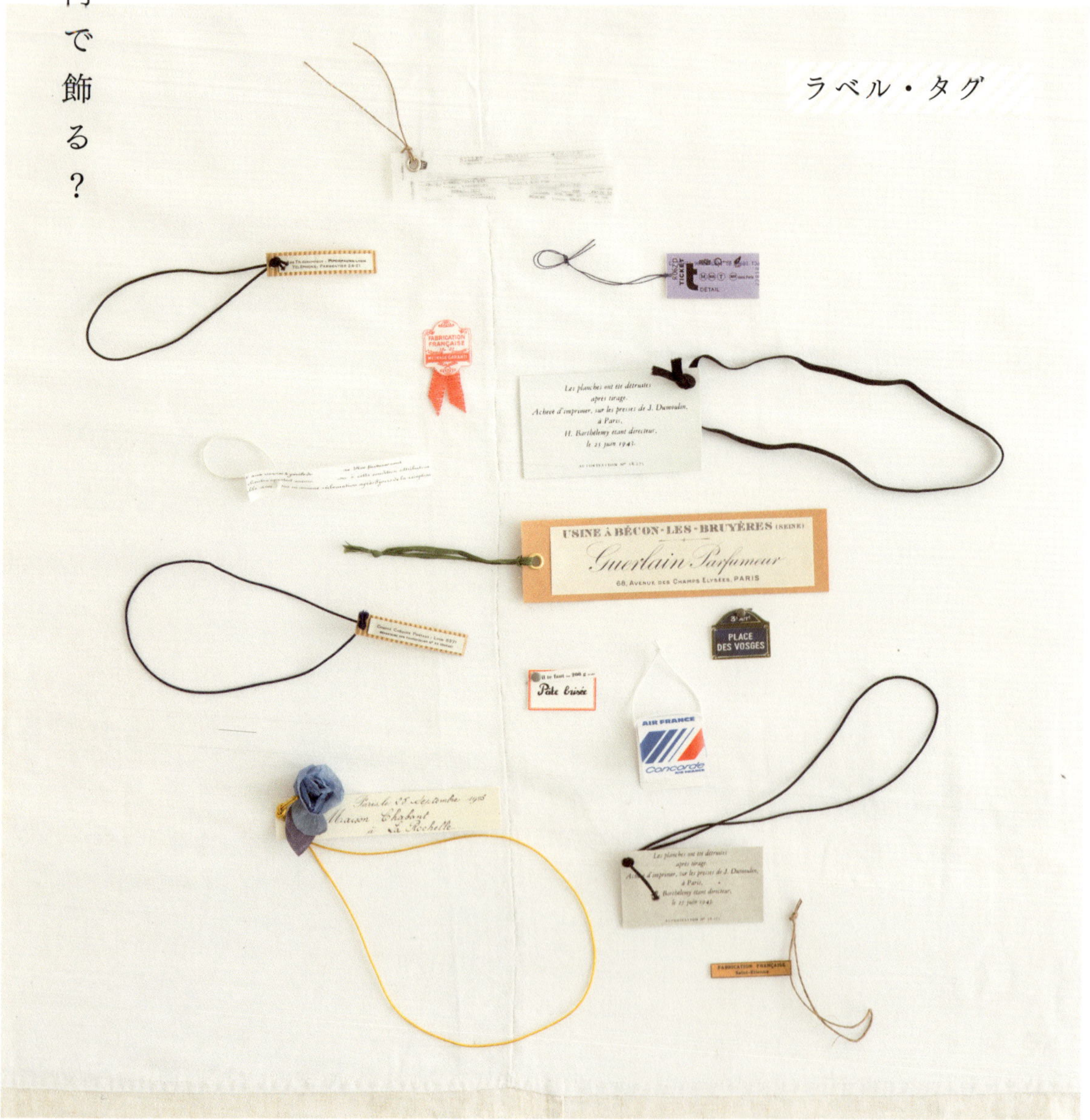

タグ
タグに穴を開けて、手芸ゴムを通して紙袋にかけるだけで、もうエコ・ラッピング。タグがあるだけで、十分かわいい。そのくらいタグには力があるのです。

タグの作り方
何でもかまいません。かわいいなと思う紙を切り取って、台紙に貼って穴を開け、ヒモを通す。それだけでできあがりです。

ラベル
大きなものから小さなものまで、ただ貼るだけでかわいくなるから不思議です。タグに比べて存在感が大きいので、どんな絵柄にするかが大事。

ラベルの作り方
海外のレシート、お菓子のパッケージ、ポストカードなどを好きな大きさにコピーするだけ。シールタイプの用紙を使うと、そのまま貼り付けられます。

リボン・ヒモ・マスキングテープ

ヒモ
コットン、麻、紙、ラフィアなど素材や色、太さなどさまざまな種類がある。小洒落た感じを演出するには欠かせないアイテム。

リボン
色・柄・太さ・材質の種類が豊富。ヒモと比べ主張しやすいので、色・太さ・長さに注意が必要。薄めの色が使いやすいです。

マスキングテープ
細いものは縁取りに、メッセージ入りのものはアクセントに、太めのものは封をするときに便利。自由な使い方を楽しめます。

紙テープ
押し花風のコサージュ作りに便利。帯にしたり、リボンのように使ったり、デコレーションのワンポイント、差し色にも使えます。

コサージュのこと
紙で作る小さなお花。華やかなワンポイントになる。サイズや紙の色、素材で印象が変わる。タグやラベルに添えても◎。

薄紙のバラ
ふわっとやさしい印象のバラ。紙にしわをつけることで風合いがよくなる。薄紙以外でもいろいろな紙で作ることができます。

紙テープのバラ
押し花のようなバラ。つぶれる心配がないので、いろいろな場所に貼ることが可能です。差し色を入れたい時に便利。

紙マリモ
焼菓子や割れものなどの梱包に使用される緩衝材を、ただ丸めるだけでできる簡単なデコアイテムです。色のバリエーションがありアクセントになります。

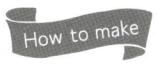

How to make

紙テープのバラの作り方

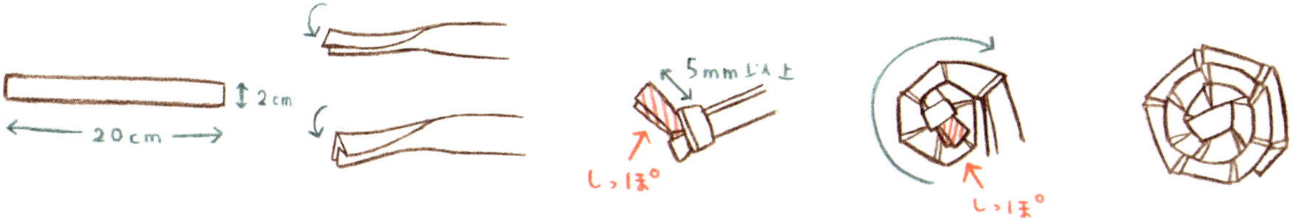

❶ 紙テープを20㎝にカットする。
好きな紙を切ってもOK。

❷ 1回折って…もう1回折る。

❸ しっぽが5mm以上出るようにして1回結ぶ。

❹ 奥から手前にねじって巻いていく。しっぽの出たほうが裏になる。

❺ 巻き始めと巻きおわりをテープでとめる。

薄紙のバラの作り方

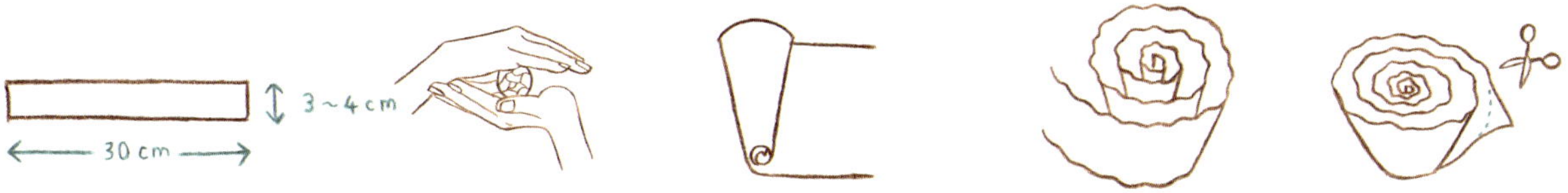

❶ 薄紙をタテ3～4㎝、ヨコ30㎝にカットする。

❷ 手でくしゃっと丸めてしわをつけ、やぶれないようにやさしく広げる。

❸ はじめは紙の端を巻きこみ、花芯を作る。中心をすぼめるように…

❹ 下はすぼまり上は開くように巻いていく。

❺ 巻きおわったら端っこの角を丸く切り、下をテープでとめる。

紙マリモの作り方

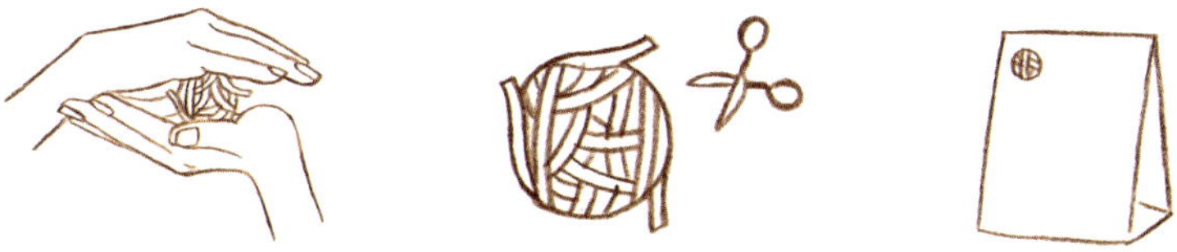

❶ 紙の緩衝材を手に取り、硬めに丸める。

❷ ぴょんぴょんとびでる部分はカット。

❸ 両面テープで好きなところにくっつける。

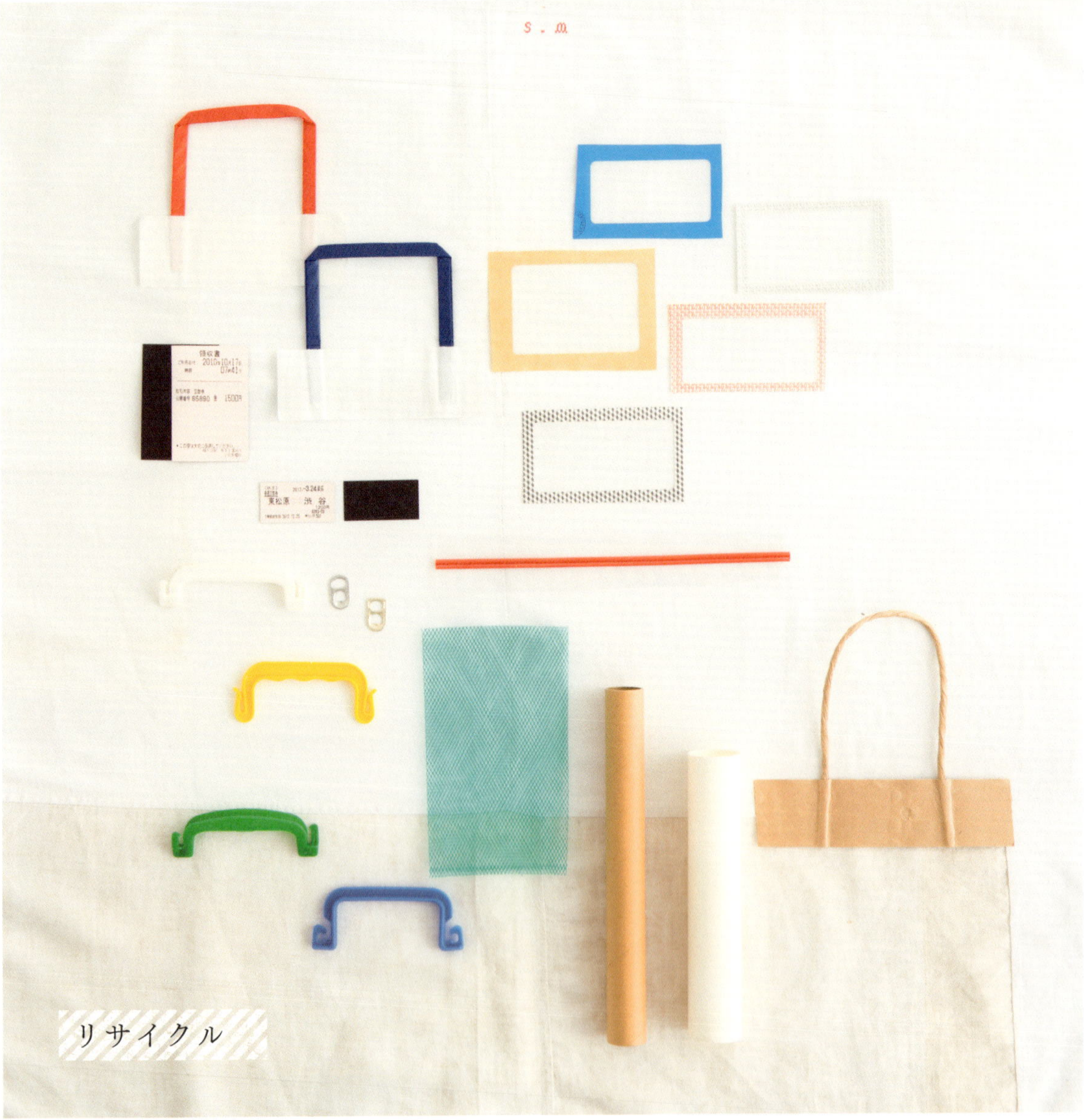

紙袋の持ち手
実は奥が深い紙袋の持ち手。ショップによって持ち手の色や素材が異なります。どう組み合わせるかも楽しみ。また、プラのハンドルも便利。

キッチンペーパーの芯
芯は用途によって長さを調節できる上、その形がすでにかわいいので、包装紙で巻くだけで速攻エコ・ラッピングが楽しめます。

窓付き封筒
通信会社からの請求書など、窓付き封筒は捨てません。窓にも半透明のグラシン紙のものと、透明のフィルムタイプがあります。

切符
海外の切符はそのままタグとして、日本の切符は黒い裏面が役立ちます。黒板のようにチョークで文字を書くことができて便利です。

chapter 2

封筒で包む

キューブ型

カクカクした形がかわいい手のひらサイズのキューブ。タテ長の封筒が小さな立方体に姿を変えます。
未《み》晒《さらし》封筒に紺色の麻ヒモとラベルで、ナチュラルな雰囲気になりました。

水色×赤。細身のリボンで控えめガーリー。色合わせもたのしい。

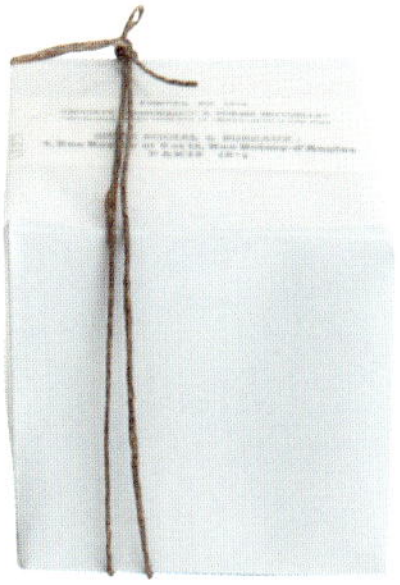

白地に白ラベル。グラシン紙と麻ヒモを巻いて、シンプルシックに。

ノーマルな茶封筒。ブルーの紙ヒモをアクセントに効かせて。

アンティークな柄にトレーシングペーパーのタグ。特別感が出る。

How to make

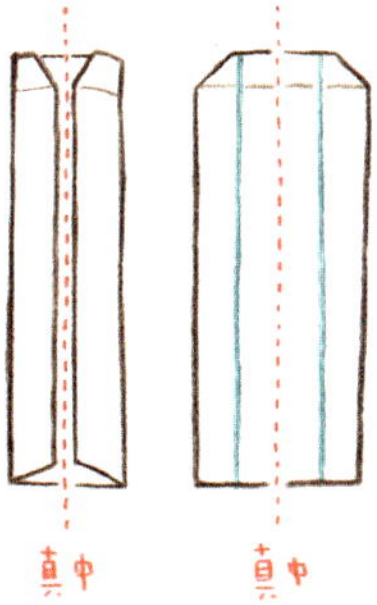

1 真ん中に向かって封筒の左右を折り、しっかりと折り目をつける。（長形3号使用）

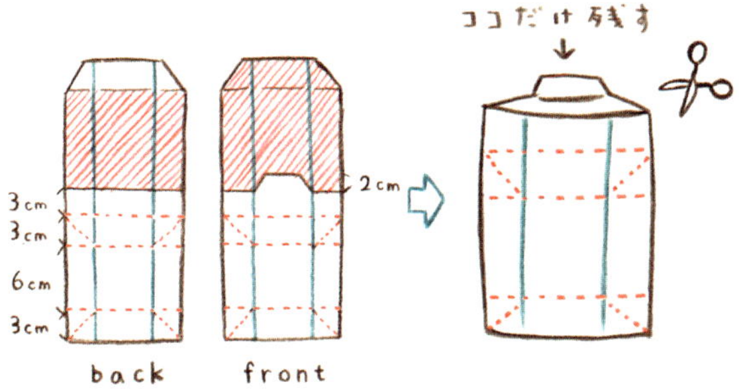

2 図のように
- - - - の部分に、折りやすくするためカッターで薄く線を入れる。
//////// の部分を切り取る。

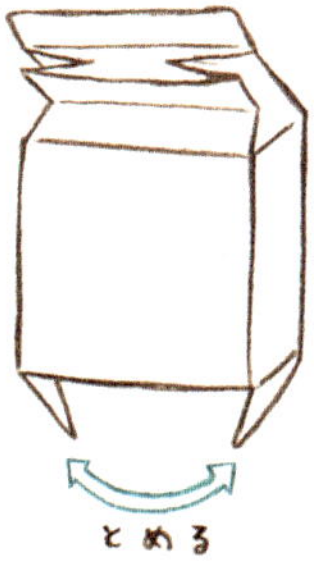

3 折り目と線に沿って組み立て、底を両面テープでとめる。

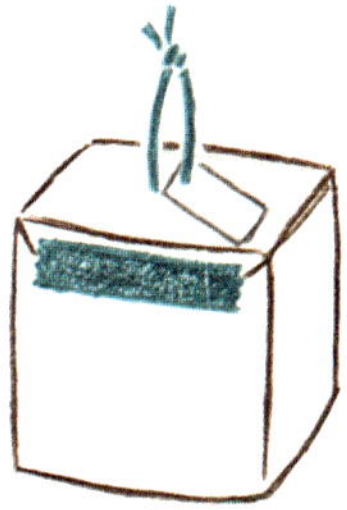

4 フタの真中に穴を開けヒモを通し、口をテープでとめる。

牛乳パック型

形のかわいさに惹かれ、なんとなく姿が似ている封筒で作ってみたら、簡単でサイズもぴったり。
黒板ラベルを貼れば、手書きのメッセージを添えることもできます。

TIPS

切符の領収書が便利

駅の窓口や券売機でプリペイドカードのチャージをした時の領収書。裏の磁気面は、マットな質感の黒。チョークで文字を書けば、黒板そのもの。

茶封筒には古い絵本の表紙のコピー。ビンテージ感が封筒の質感とマッチして◎。

白封筒にはバターの包み紙。赤い文字と絵がかわいい。

How to make

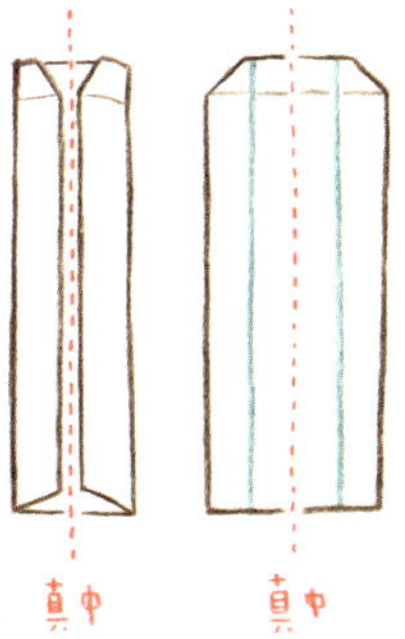

1 真ん中に向かって封筒の左右を折り、しっかりと折り目をつける。(長形3号使用)

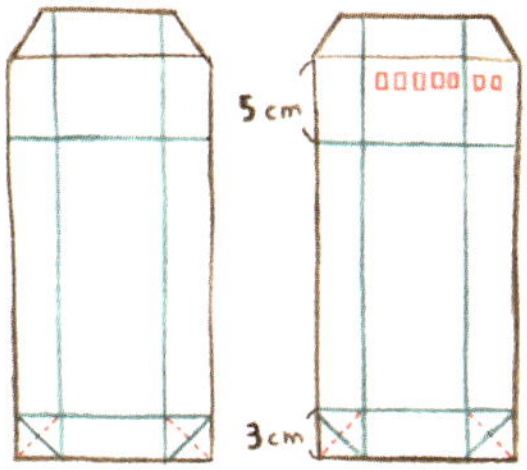

2 図のように
—— 線に沿ってしっかり折り目をつけ、
---- 線に沿ってカッターで薄く線を入れる。

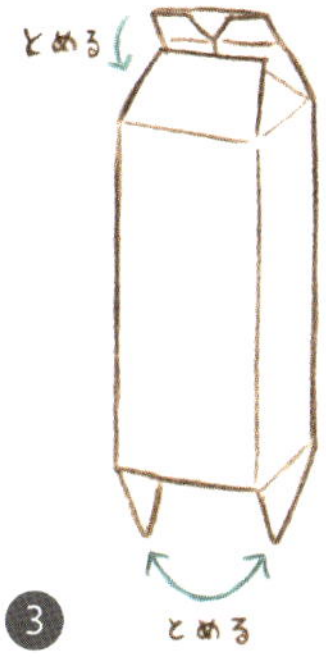

3 折り目と線に沿って組み立て、底とフタをとめる。

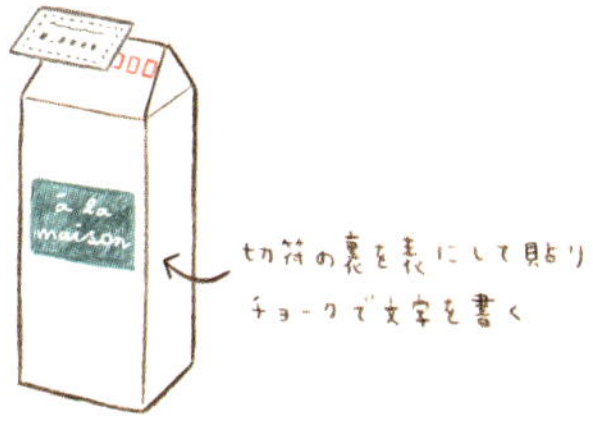

4 ラベルやマスキングテープで郵便番号枠を隠し、ラベルで飾る。

スタンド型

封筒の形を問わず作れるスタンド型。底と横にマチを作れば、平たい封筒が立ち上がります。
リボンベルトでタテのラインにアクセントを効かせて、大人っぽく仕上げました。

TIPS

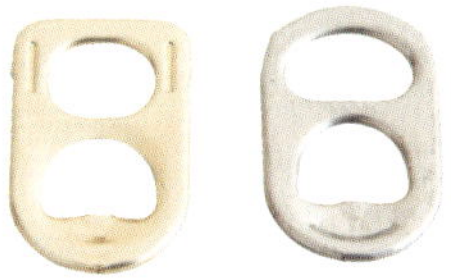

プルトップが便利

2つ穴を利用してリボンを通すだけ。簡単に洗練された印象をプラスできます。

ドット柄と紙マリモの形を合わせて。赤の紙テープでメダル風に。

白封筒にトリコロールカラーのラベル。細いヒモで手提げに。

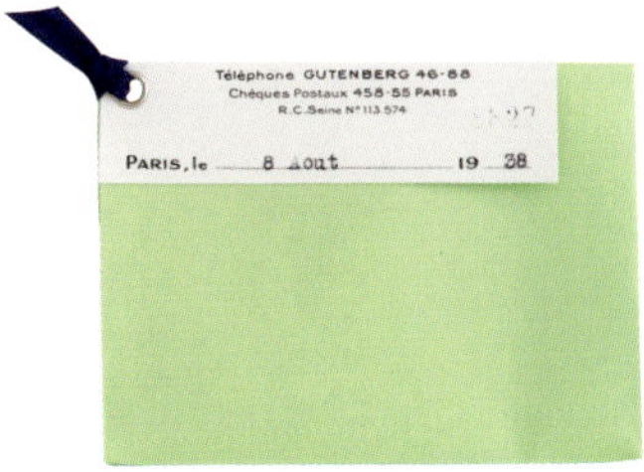

白×薄緑。タグをハトメでとめて、緑のリボンをポイントに。

How to make

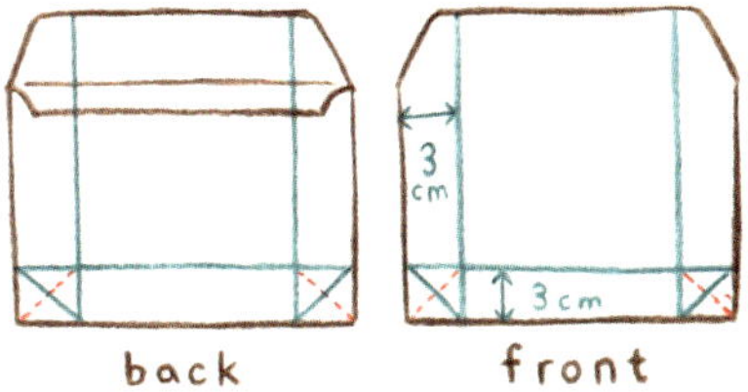

1
図のように
—— の部分にしっかりと折り目をつけ、
- - - - の部分にカッターで薄く線を入れる。
（左ページ：洋形3号タテ型使用、右ページ：洋形2号使用）

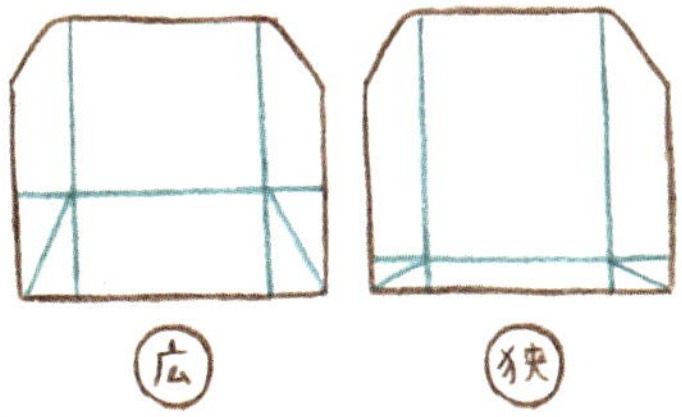

2
底のマチを広くとりたいときは下部を広く、狭くしたいときは下部を狭く取るとよい。

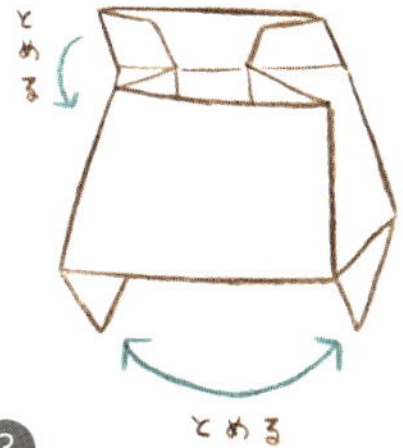

3
折り目と線に沿って組み立て、フタと底をテープでとめる。

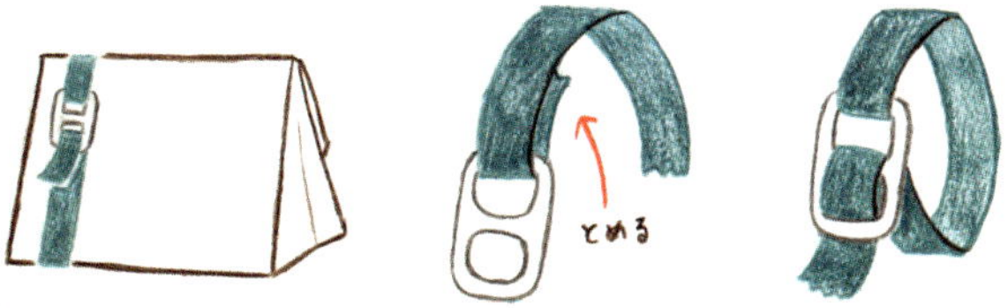

4
缶のプルトップにリボンを通し、飾りにする。

手提げ型

持ち手を付けるだけでかわいくなるから不思議です。ハトメで補強した穴にヒモを通して、ワンポイントにストローを部分使い。ラベルは上を開けてポケットにしました。

TIPS

ハトメが便利

穴を補強しポイントにもなる便利なアイテム。
色も豊富なので、アレンジを楽しめます。

パリのカフェメニューの色味に合わせて、白×緑×金の組み合わせ。

ろう引き封筒に紙袋の持ち手を貼って割鋲《わりびょう》で固定して、タグでおめかし。

茶封筒に直接路線図をコピー。平ヒモで持ち手を付けました。

How to make

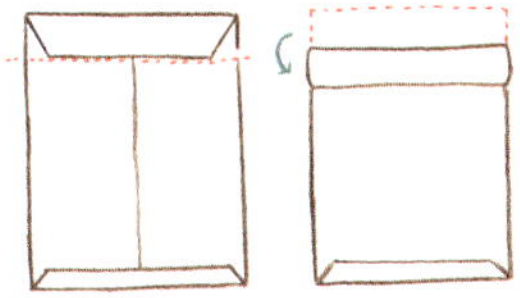

1
フラップの下線に沿って封筒を折り、しっかり折り目をつける。(角形2号使用)

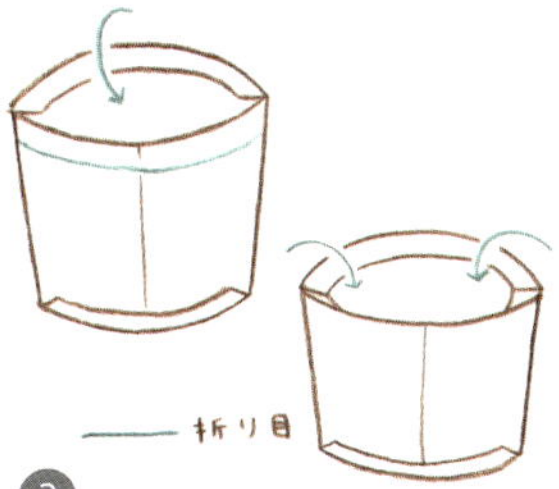

2
封筒を広げ、フラップを中に入れ、折り目に沿って上部全体を中に折り込む。

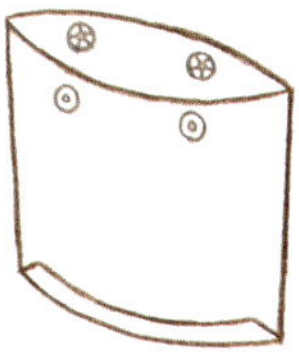

3
穴を開け、ハトメをとめる。

4
ヒモをストローに通し、持ちやすくする。封筒の穴にヒモを通し、玉結びする。ラベルで飾る。

ボックス型

フラップの使い方がポイントの長方形の箱。
雰囲気のあるラベルと黒いゴムがアクセントのタグを合わせて、シックに仕上げました。

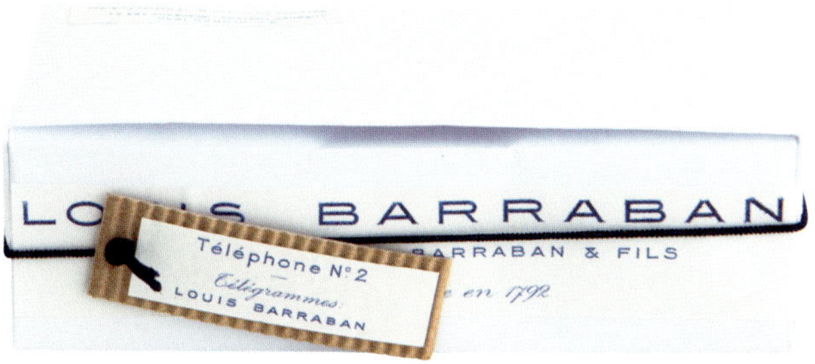

白封筒に青い文字がさわやかなラベルと小さなタグを合わせました。

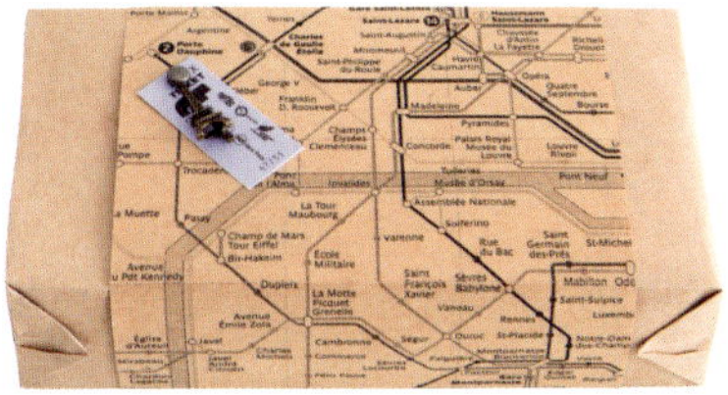

メトロの地図を帯に巻いて、切符のミニタグをワンポイントに。

ポップなイラストがかわいい封筒に黒板ラベルにメッセージを添えて。

How to make

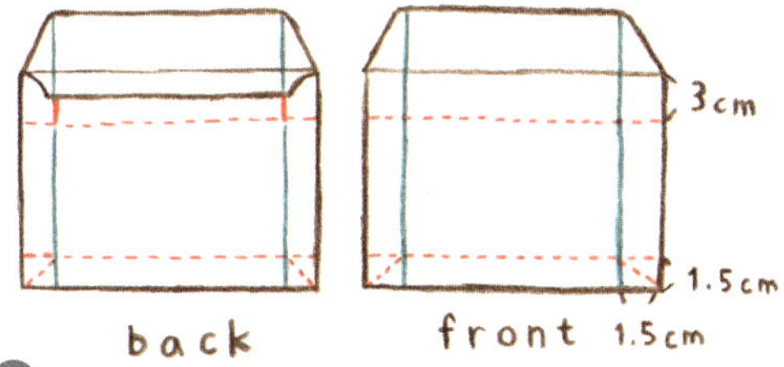

1

図のように
—— 線にしっかりと折り目をつけ、
- - - 線にカッターで薄く線を入れ、
—— 線にハサミで切り込みを入れる。
（洋形２号使用）

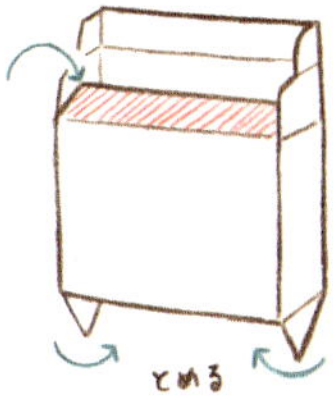

2

折り目と線に沿って組み立て、底を両面テープでとめる。切り込み部分は中へ折る。

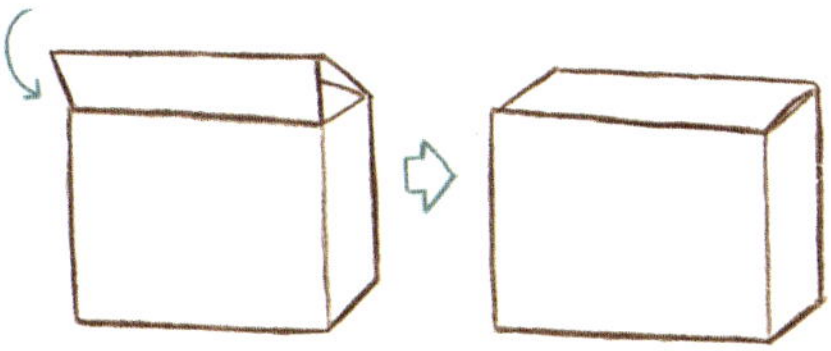

3

フラップを箱の中へ入れ込む。

舟型

なだらかな曲線とふくらみがやさしい雰囲気の舟型。底マチを作るひと手間で、
封筒の持つ直線的な印象が和らぎます。文字が美しいラベルとコサージュで上品にまとめました。

TIPS

割鋲《わりびょう》（ブラッズ）が便利

2本足の割りピン。とめたいところに穴を開け、割鋲を差し込み、足を二股に折るだけで、特別な道具がなくても簡単に封ができます。色や形が豊富なブラッズはポイント使いに◎。

未晒《みさらし》にトリコロールが映える。スタンプメダルをワンポイントに。

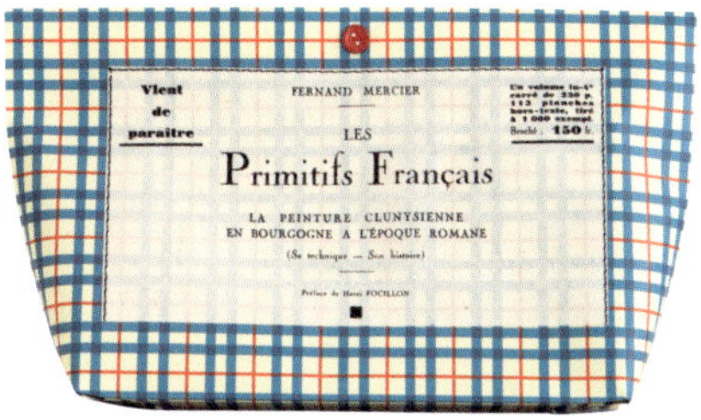

チェックのラインに角ラベル、赤のブラッズでかわいさをプラス。

How to make

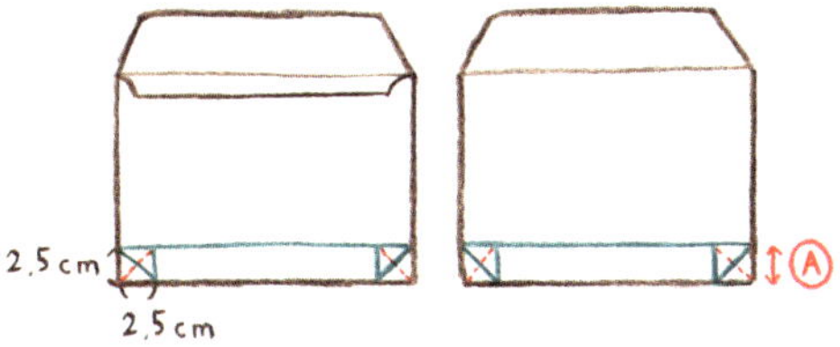

1
図のように
—— 線にはしっかりと折り目をつけ、
---- 線にはカッターで薄く線を入れる。
＊マチの幅を広くしたいときは A を広くする。
（洋形2号使用）

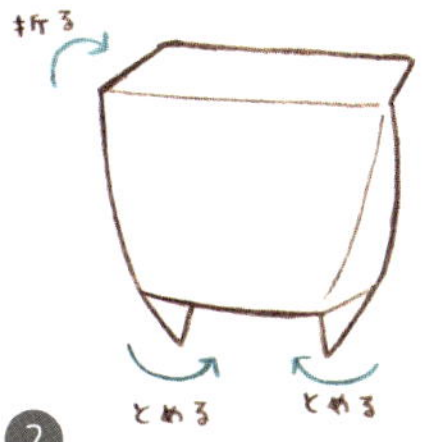

2
折り目と線に沿って組み立て、底を両面テープでとめる。

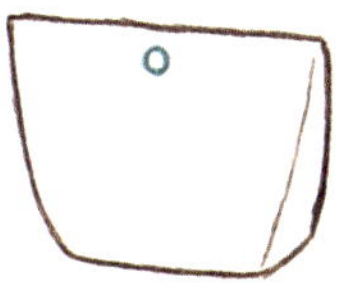

3
穴を開け、割鋲でフラップをとめる。

シャツ型

封筒の両側を手前に折ったら、フラップ部分がちょうど衿みたい。
鮮やかな色におそろいの白いリボン結びが映えます。いろんなデザインで何枚も作りたくなります。

ビタミンカラーのカラフルなボーダー。見てるだけで元気になる。

未晒×オリーブグリーン。アースカラーでナチュラルに。

ピンクの水玉。細い紙ヒモがほどよいかわいさに。

水色に白のレース、サーモンピンクのリボンで清楚な1枚。

How to make

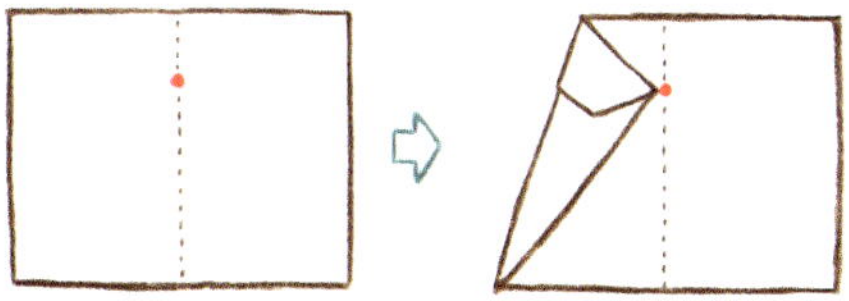

1
封筒の中心の上から¼くらいの高さに向かって図のように折る。（洋形2号使用）

2
同様にもう一方も折る。

3
フラップに沿ってヒモを通し、真ん中でリボン結びをする。

COLUMN

愛用の道具たち

「貼る」「穴を開ける」という作業は、ラッピングの仕上がりの美しさを決める大事な工程です。
この細かい仕事を助けてくれる、働きものの愛用の道具たちを紹介します。

貼る道具

用途に合わせて
使い分けると、
作業がはかどる！

両面テープ

すべてのシーンで活用します。ノリだと乾くのに時間がかかりますし、はみ出したりすると見た目がよくないので、両面テープはとても便利。幅もいろんなサイズがあるので、使い分けるとより美しく作れます。

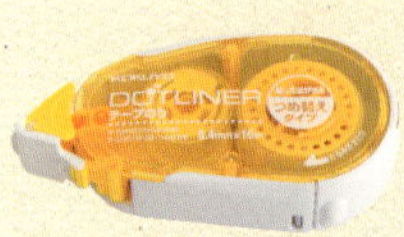

テープノリ

修正テープ感覚で使えます。ノリがドットの状になっているので、ベッタリつきません。エコ・ラッピングでは、タグやラベルを飾りでつける時には、手軽でしかも一瞬でノリづけできるので便利です。

穴あけパンチ

一般的なサイズ

直径
5.5ミリ

穴の大きさ

直径ではたったの2.5ミリしか変わらないのにこんな大きな差が。

タグにしてみると

小さなタグに、細いヒモを付ける時は、絶対小さな穴が似合うと思います。タグ大好きな私のこだわりポイントです。

小さめサイズ

直径
3ミリ

chapter 3

紙袋・包装紙で包む

ワイド型

横マチを張り出させて幅を広くし、底マチは狭くして、いつもの形をカスタマイズ。
少し手を加えただけで新鮮なイメージになります。ラベルは上を開けてポケットにしました。

TIPS

点線カッターが便利

ミシン目を入れればピリピリと手で切れる便利さだけでなく、パッケージのデザイン性が高まります。

How to use

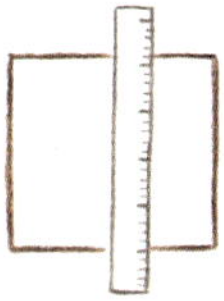

1
定規で紙をしっかり押さえる。

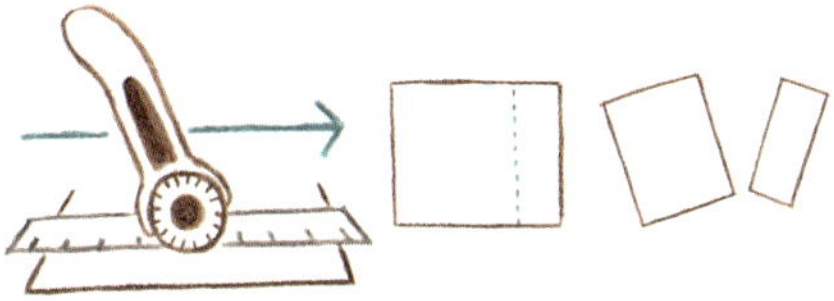

2
前に押し出すようにカッターを動かしてミシン目を入れる。

古い郵便物の縮小コピーをクラフト袋にハトメでとめて。

青×白の2色仕上げ。チェックに白ラベル＋コサージュが際立つ。

How to make

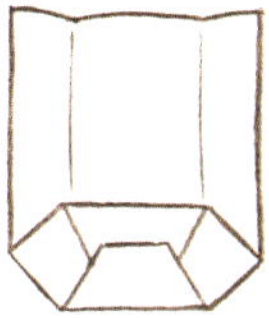

1
紙袋の横マチ部分を横に張り出させる。

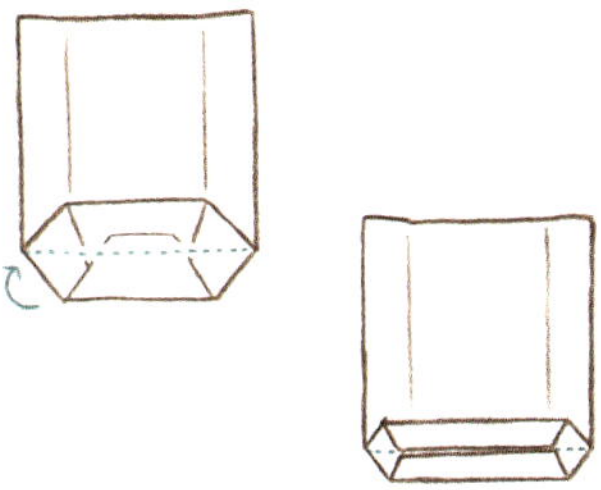

2
底を真ん中に向かって上下とも折り、両面テープでとめて底を作る。

3
口をマスキングテープでとめる。

4
点線カッターでテープと袋の境い目にミシン目を入れる。

Les planches ont été détruites
après tirage.
Achevé d'imprimer, sur les presses de J. Dumoulin,
à Paris,
H. Barthélemy étant directeur,
le 25 juin 1943.

シート型

底マチを広げず、シートのようなスタイル。横マチがあるので、少し厚みのあるものも入ります。
ストライプに合わせ、タグを斜めに掛けてスタイリッシュに仕上げました。

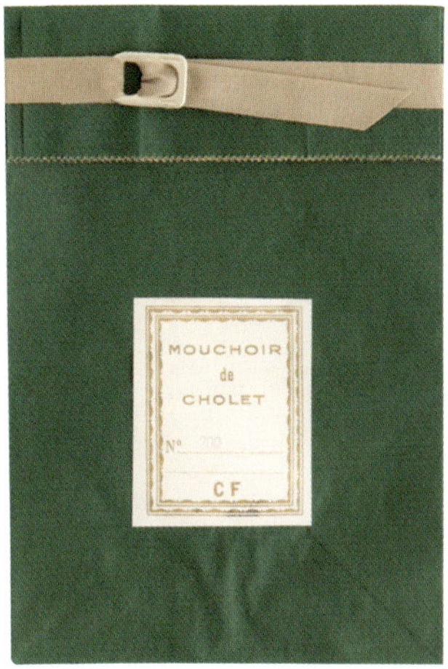

落ち着いた緑にベージュのリボンベルト。シックな大人の雰囲気。

モノクロ地図にパリの空気を感じさせる標識タグを掛けて。

How to make

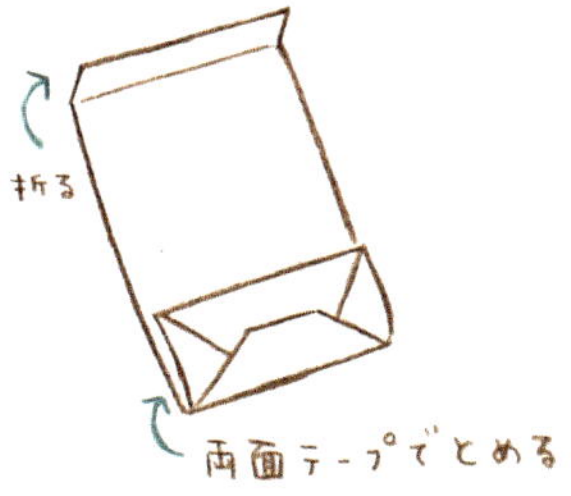

❶
折りたたんである状態のまま、底マチの上部を両面テープでとめる。口は折ってマスキングテープなどでとめる。

❷
タグに手芸ゴムを通し、左上と右下に掛ける。

フタ付きの箱

紙袋2枚で作るフタ付きの箱。ちょっとしたプレゼントにとても便利です。
ろう引き袋にコーヒー染めしたレースペーパーを合わせたら、アンティークな趣になりました。

薄型タイプ。グラシン紙のベール
が高級感をプラス。

個性的な柄に2枚重ねのラベルと
リボンベルトで雰囲気を作って。

フタが短いタイプ。宛名ラベルに麻
ヒモのクロス結びで小包み風に。

How to make

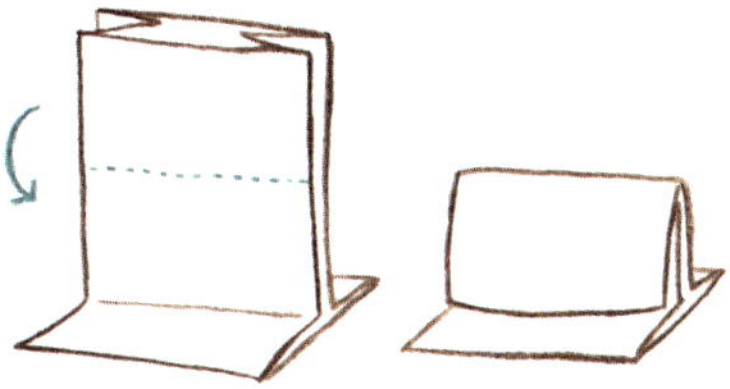

1
紙袋を半分に折り、しっかり折り目をつける。

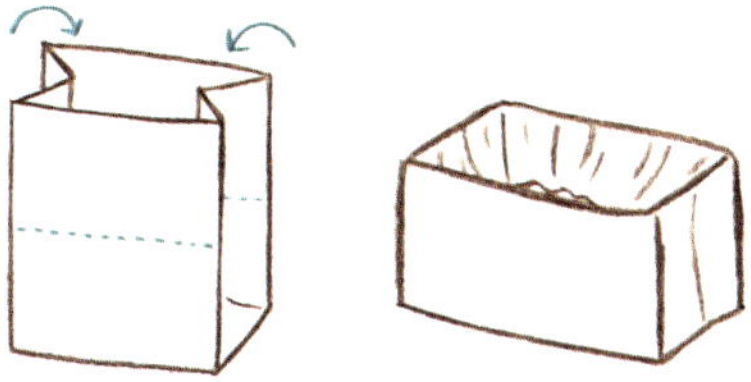

2
折り目に沿って、上半分を内側に折り
込み、しわをていねいにのばす。

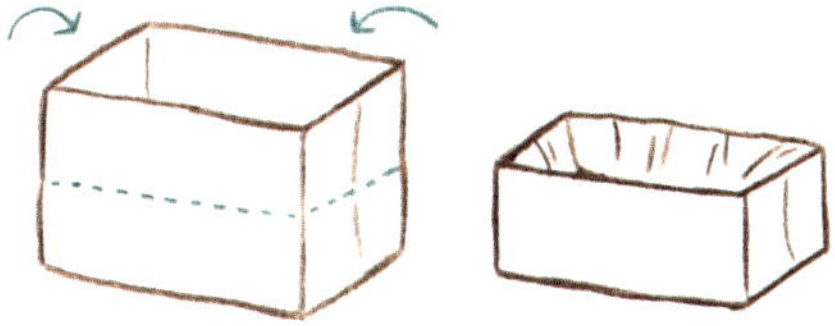

3
①と②の工程をもう一度くりかえし、
さらに半分の高さの箱にする。

4
同じ箱をもう1つ作り、最初に作っ
た箱にかぶせる。

Les bébés qui émerveillent l'Amérique
CINÉMA Thomas Balmès a filmé, sans commentaire, des tout-petits dans quatre pays.
Le descendant de l'écrival

バゲット袋型

細長い形がかわいいバゲットの袋。１枚の紙で簡単に作れます。
フランスの新聞をそのまま生かし、ワンポイントに洗濯ピンチを使いました。

TIPS

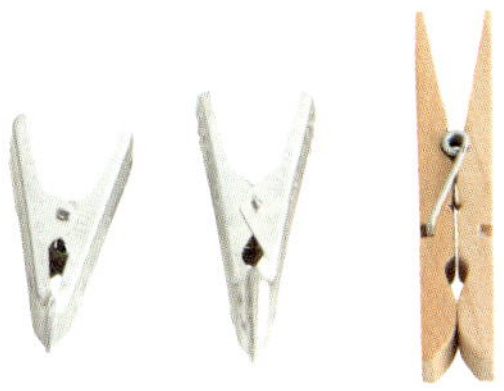

洗濯ピンチが便利

デザイン豊富なアルミ製、サイズが充実した木製。イメージの違いを楽しめます。

トレーシングペーパーの独特な質感がかわいさを引き立てます。

新聞の好きなデザイン部分を使って。色の感じもかわいい。

ワックスペーパー×シンプルラベル。ピンチに麻ヒモを通してアクセントに。

同じ紙でもコーヒーで染めると、アンティークの風合いに。

How to make

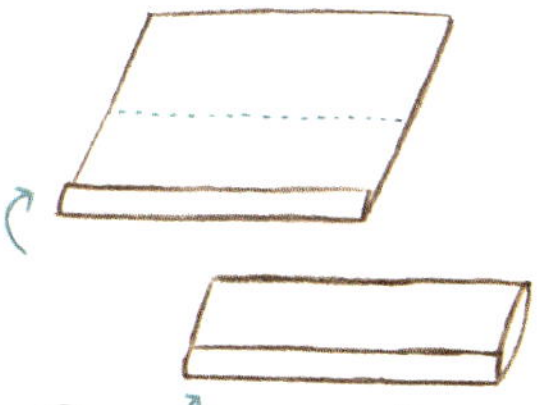

1 紙の端を折ってのりしろを作り、もう一辺と貼り合わせる。

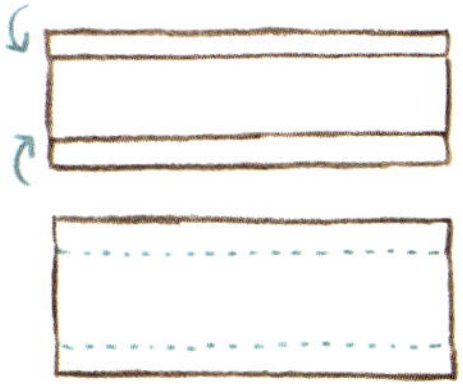

2 両端を1～1.5cm折り、しっかりと折り目をつける。

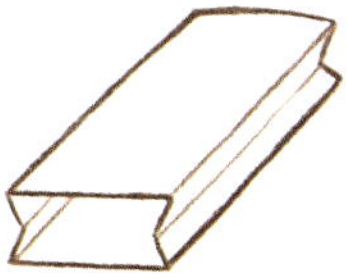

3 折り目に沿って中が谷になるように折る。

4 底を2回折って両面テープで貼り合わせ、口を洗濯ピンチでとめる。

パリ包み

パリのケーキ屋さんで包んでもらったピラミッド型。あまりのかわいさになかなか開けることができませんでした。折り目をつけて簡単に形が作れるように考えました。

緑×白のドット。紙を横長に使うと低い形が作れます。

青×白のボーダー。新聞の部分使いをワンポイントに。

How to make

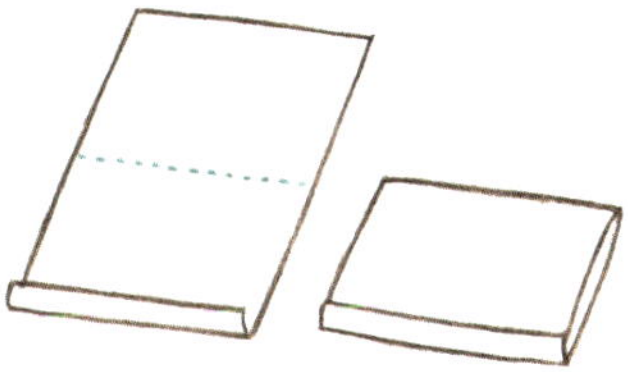

1
長方形の紙の端を折ってのりしろを作り、半分に折ってもう一辺と貼り合わせる。

2
①をヨコ半分に軽く折り、図のように中心に目印をつける。

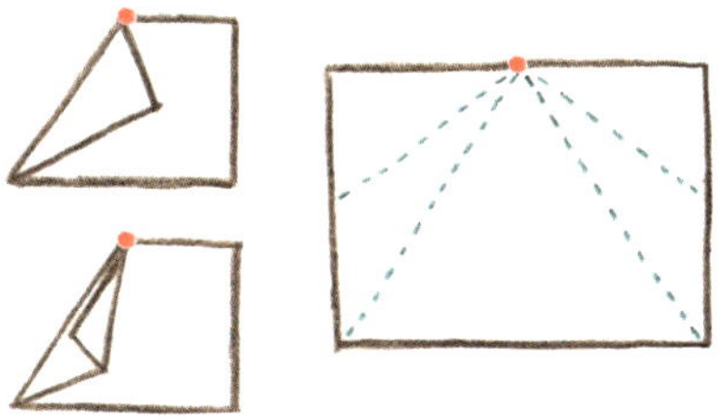

3
②の目印を使って、図のように4本折り目をしっかりつける。

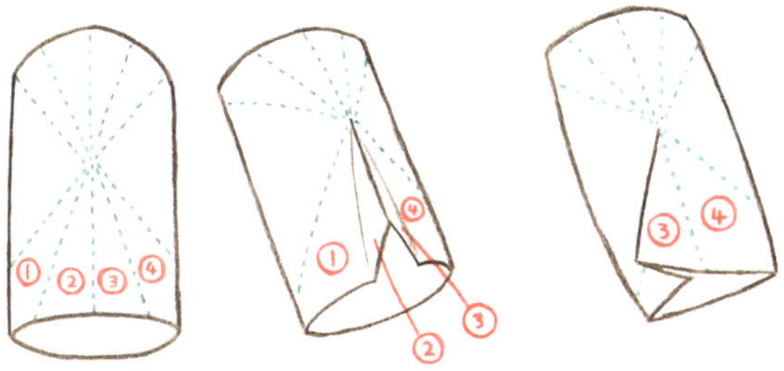

4
図のように、真ん中の折り目を山折りにし、②と③を合わせて左に倒す。もう一方の側も同様に折る。

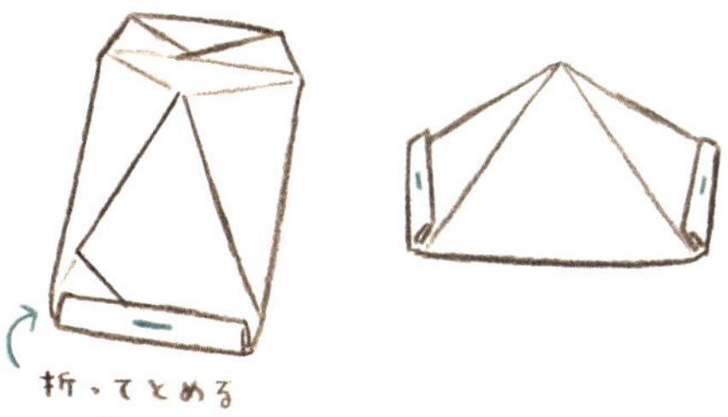

5
端を2回折ってホッチキスでとめる。反対側も同様に。

マッチ包み

1枚の紙を折って、ホッチキスでとめるだけ。写真や手紙などの薄いものに向いています。
色違いの地図を使って、いろんな表情のパリを包みました。

レトロなデザインがかえって新鮮に感じます。

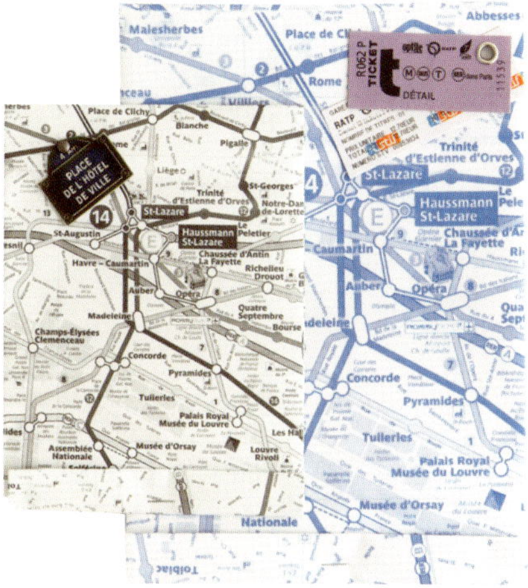

パリの地図をモノクロと青一色でコピー。同じ柄でも色でイメージが大きく変わる。

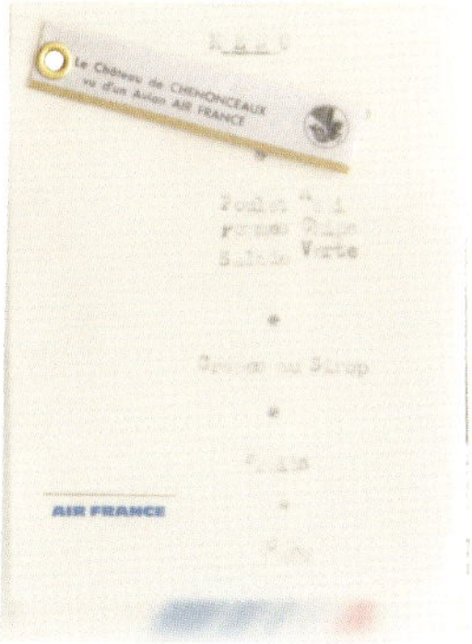

エールフランスの古い機内食のメニューにトレーシングペーパーを重ねて。

How to make

1 紙の左右が少し重なるように折る。

2 底を2回折る。

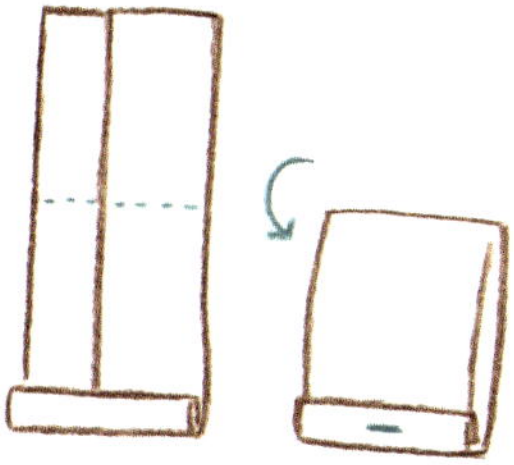

3 上から半分に折り、端を折り目に入れ込み、ホッチキスでとめる。

三角包み

色紙を三角形に折り、穴を開けてヒモを通します。
レトロな色合いのドット柄に小さなタグがかわいさを引き立ててくれました。

ヴィヴィッドカラーのストライプ。古切手をポイントに。

輝くトリコロール。ラインシールとエッフェル塔で大人っぽく。

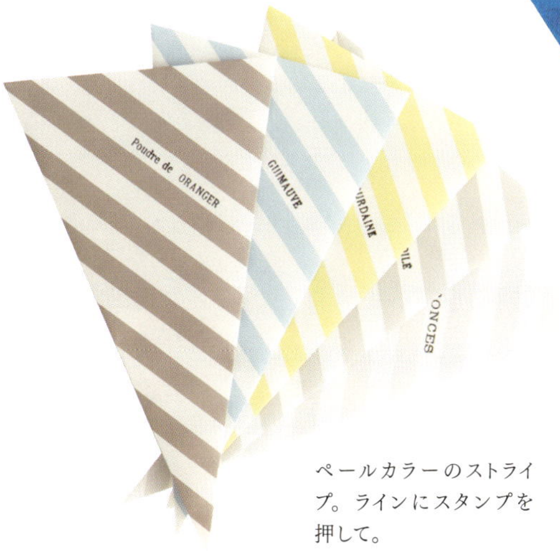

ペールカラーのストライプ。ラインにスタンプを押して。

How to make

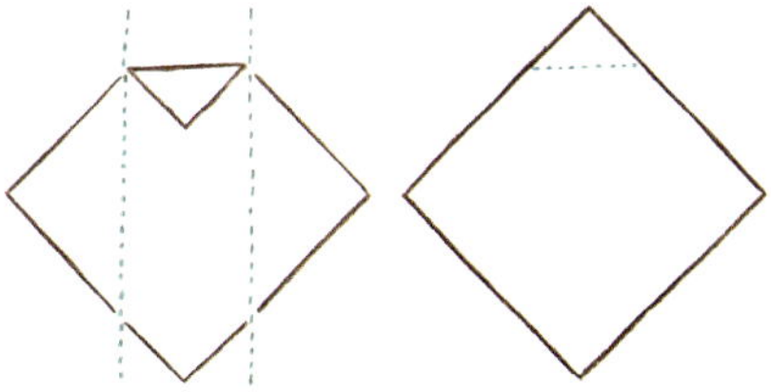

❶
色紙を図のように置き、上端を横幅の$1/3$くらいのところで折る。

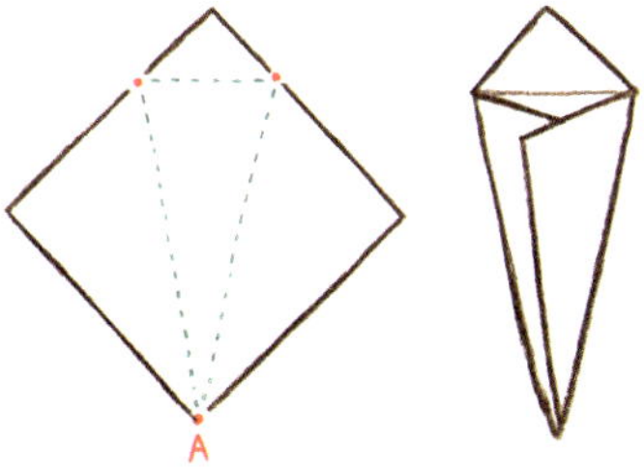

❷
折り目の端とA点を結ぶ線で図のように折り、両面テープでとめる。

❸
フラップになる部分をシールでとめる。

COLUMN

これさえあれば「タグ名人」

エコ・ラッピングをいかにかわいく見せるかには、いくつかのコツがあります。
その一つは「タグを使うこと」。
簡単で、しかも、絶対かわいくなるタグを作る秘訣は「紙選び」だったのです。
気に入った絵柄（絵柄選びのポイントは 108—109 ページ）をコピーするだけ。
コピーする用紙によって、表情が変わります。

紙を変えるだけで
イメージが全然違う！

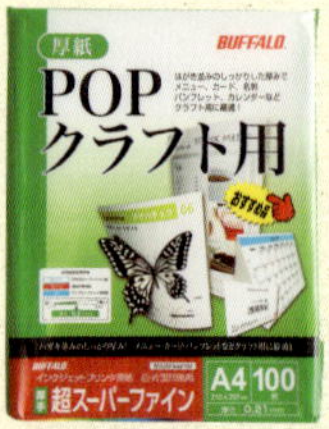

一番使いやすい POP 用

インクジェットプリンター用紙
POP クラフト用／
BUFFALO
インクジェット用なので、プリントしたときにキレイ。厚めなので、切ってそのままタグにもできます。台紙に貼りたい人にはシールタイプのものもおすすめ。

やっぱり使えるクラフト

フリークラフトペーパー
クラフトペーパー特厚口　ブラウン／
栄紙業 トチマン
クラフト紙は何に合わせてもかわいくなるから、使用頻度はとても高いです。こちらはかなりの厚口で、私のお気に入り。

透け感がかわいい！

インクジェット用紙
トレーシングペーパー 135 g／
栄紙業 トチマン
厚口のトレーシングペーパーは、それだけでかわいい！　どんな絵柄をプリントしても、その透け感とマットな質感で最高のタグに変身してくれます。

chapter 4

リサイクルで包む

"Florival"
Quatuors
de Fleurs
EN LISANT LES BEAUX VIEUX LIVRES
CORNEILLE
WILD STRAWBERRY
Family Rosaceae
Fragaria vesca
CINQUEFOIL
Family Rosaceae
Potentilla reptans

"Florival"
Quatuors
de Fleurs
EDITION STELLA
WILD STRAWBERRY
Family ROSACEAE
Fragaria vesca
CINQUEFOIL
Family ROSACEAE

チャック

使い終わったら捨ててしまうチャック付きの袋。チャック部分の再利用で、いろんな袋がポーチに早変わり。
赤と青のラインが透けてかわいいクリアポーチを作りました。

TIPS

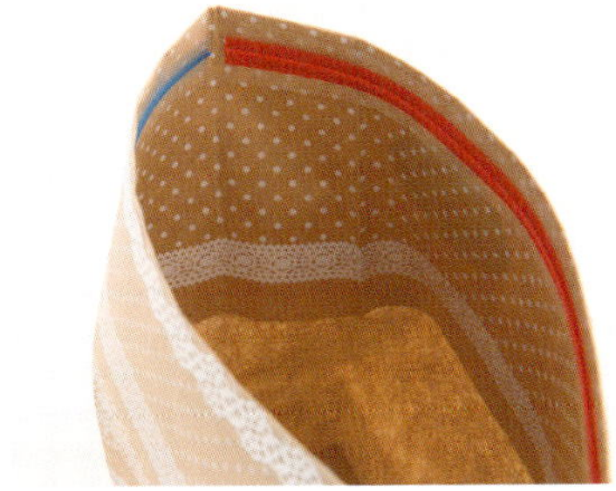

内側はこのように

チャック部分の凸側と凹側を口の両側に分けて貼り付けてあります。

黄色の紙袋でワイド型を作り、青い文字のラベルでシンプルに。

クラフト×レースでナチュラルガーリーテイスト。

How to make

1 チャック付き袋のチャック部分を切り取り、チャックを閉じた状態で両面に両面テープを貼る。

2 クリアパックの口の外側に①の片面を貼り、その5mmくらい下から内側に折り込む。

3 折り込んだもう一辺の口にも内側の両面テープをはがし、チャックを貼りつける。

4 下部に折り目をつける。

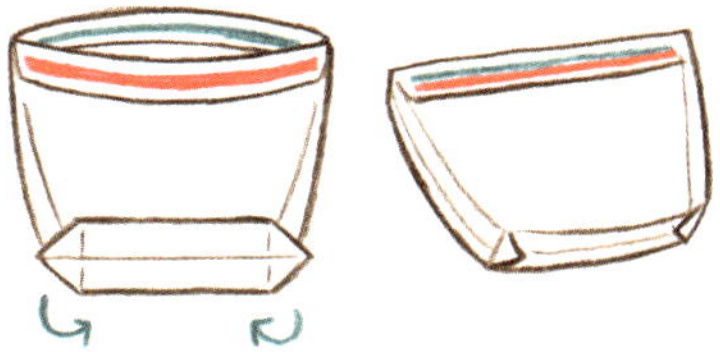

5 折り目に沿って、底マチを作る。両端の三角をととのえ、底へ両面テープで貼る。

紙袋の持ち手

どんな袋でも、持ち手を付ければ簡単にバッグが作れます。この小技が便利さと
かわいらしさを生み出してくれます。ストライプに青の持ち手を選んでクールに決めました。

TIPS

スタンプが便利

特に文字や数字の入ったものは、アクセントになりデザイン性が高まるので重宝します。

落ち着いた色とデザインで、アンティーク風に。持ち手の文字が◎。

紺とクラフトの組み合わせは最強。シンプルだけどかわいい。

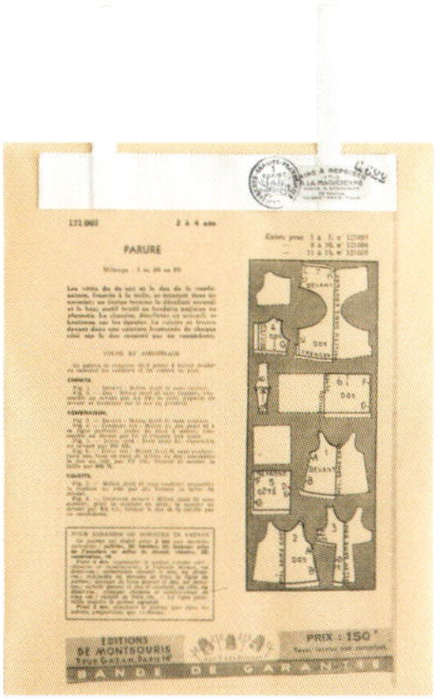

茶封筒に子供服の型紙を直接印刷して、白の持ち手を貼りました。

How to make

1 デパートなどの紙袋の持ち手だけを切りとる。

2 紙袋を手前に折り、両面テープなどで貼り、封をする。

3 折った部分に持ち手を両面テープで貼りつける。

プラハンドル

大きな物を買った時に付けてくれる手さげホルダー。カラフルなハンドルがシンプルな包装にインパクトを与えてくれます。原色の存在感がかわいさを引き立ててくれました。

TIPS

パンチ穴補強シールが便利

透明の丸いシールの真ん中に穴が開いたタイプ。その名の通り、パンチ穴を補強してくれます。100円ショップで購入できます。

レモン色のシロップに青のハンドルが爽やかさを引き立てます。

ワインが入っていたバッグ。ハンドルとラベルの色を合わせて。

How to make

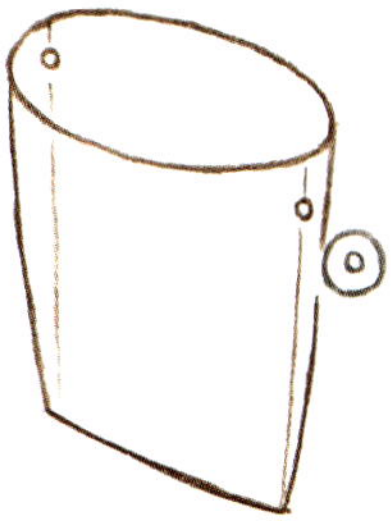

1 厚手のビニールの側面に穴を開けて、パンチ穴補強シールを貼る。

2 穴にハンドルを通す。

封筒の窓

中が見えるわくわく感がラッピングの楽しさを盛り上げてくれる窓。
貼り付ける位置や向きによってイメージが変わります。縁取られた窓が、１枚の写真のように見えます。

TIPS

ペーパーファスナーが便利

一般的に書類をまとめる時に使いますが、2つ穴を開ければ封をする時にも活用できます。プラスチック製、金属製のものがあるので、デザインに合わせて選ぶことができます。

グリーン×ゴールド。グラシン紙がさらに高級感をプラス。

窓の縁は封筒の色をそのまま生かして袋の色にマッチさせました。

How to make

1 封筒の窓を、フチを5mmくらい残して切り取る。

2 紙袋の横マチを張り出させて、窓を開けたい部分を窓と同じサイズに切り抜く。

3 切り抜き部分に窓をのせ、四方をマスキングテープでとめる。

4 口を折り、2つ穴を開けペーパーファスナーでとじる。

オクラネット

細かい網目が美しいオクラの入っていたネット。しっかりしているので、小物を入れるのにぴったり。
ビニールヒモで持ち手を付けたら、チープさが妙にかわいいミニバッグができました。

TIPS

ネットなら何でも！

ネットにもいろいろあります。ここでは形のしっかりしたオクラネットとみかんのネットを使いましたが、伸縮性のある昔ながらのみかんネットやゴミ受けネットも工夫次第でかわいくなります。

大きなネットには、幅広のデザインテープで口をとじました。

白のビニールテープに文字がかわいいクリアラベルを重ねました。

How to make

オクラネットにヒモ通して結ぶ。

クリアパック

まだまだ使えるきれいで透明な袋。シールとリボンでアレンジを加えます。
大好きなデパートのロゴを貼ったら、買ってきたようなパッケージにうっとりしてしまいました。

TIPS

カラー輪ゴムが便利

単色でも、何色か組み合わせても楽しめます。丸まった結び目がワンポイントになります。シンプルな包みに差し色を入れたい時や、タグをラフに付けたい時にも便利です。

パッケージがかわいいものは、見た目をそのまま生かせるクリアパックのラッピングが◎

数本合わせた輪ゴム結び。くまちゃんの愛らしさが引き立ちます。

How to make

クリアパックにリボンを結ぶ。

キッチンペーパーの芯

やわらかくて扱いやすく、中身に合わせて長さを調節できるキッチンペーパーの芯。
グラシン紙のベールと斜め掛けのアレンジが洗練された雰囲気を醸し出してくれます。

コピー包装紙はアンティーク柄。
ベージュのリボンベルトが映える。

レトロなドットに麻ヒモをクロス掛け。タグとラベルをアクセントに。

ワックスペーパー×地図。紙ヒモの持ち手に赤のタグがかわいい。

How to make

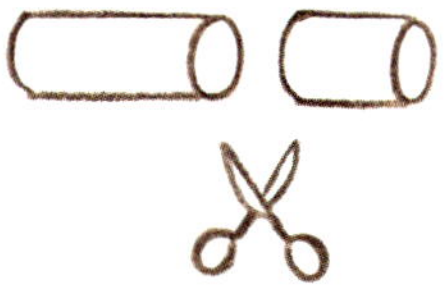

1 入れる物に合わせてキッチンペーパーの芯をカットする。

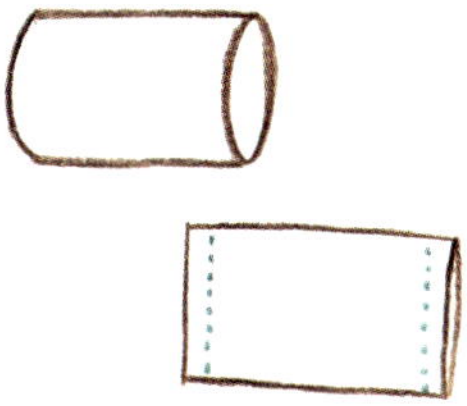

2 芯をやさしくつぶして平らにする。両端から1㎝のところにカッターで両面に薄く線を入れる。

3 線に沿って中央から折り曲げ、両端の角が立つようにととのえる。表側が上になるように重ねる。

4 ラベルを貼り、グラシン紙を巻き、タグを通したヒモを掛ける。

ラップの芯

選べるサイズと硬さが特長のラップの芯。中に物を入れるだけではなく、軸にして巻く使い方もできます。
くるっと包むだけの簡単なラッピング。選ぶ紙と端のアレンジで印象が変わります。

TIPS

キャンディ包みが便利

巻いてねじるだけのシンプルなアレンジ。色や柄を選べば甘くなりすぎず、文字通りひねりの利いた仕上がりになります。筒状の物だけでなく形を問わず包めるのも魅力です。

チェックの折り紙に、赤い文字とリボンを合わせて差し色に。

茶系のグラデーション。上端でコサージュを作りました。

How to make

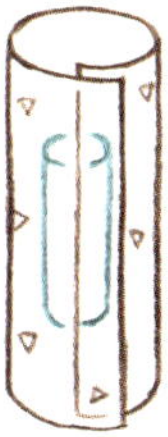

1 好きな長さにカットしたラップの芯に大きめにカットした包装紙を巻く。

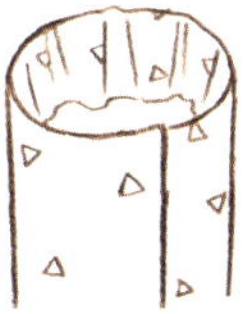

2 上下の余った部分を芯の中に入れ込む。

3 タグを通したゴムを巻く。

Les planches ont ete detruites
après tirage.
Acheve d'imprimer, sur les presses de J. Dumoulin,
à Paris,
H. Barthélemy etant directeur,
le 25 juin 1943.
AUTORISATION N° 18.275

ボール紙

丈夫でしっかりとガードしてくれるボール紙。コの字形に折るだけで、バインダーの形ができあがります。
鮮やかな青のボール紙に白のタグがクールに決まっています。

TIPS

手芸ゴムが便利

太さと色のバリエーションが豊富。玉結びをして、斜めや縦にかけるだけで小洒落たデコレーションになります。ヒモと違って伸縮性があるので、調整が簡単で使いやすいです。

オレンジ×赤。ラベルも赤文字入りを選んで、暖色でまとめました。

菓子箱の底に敷いてある波状のシート。白に紺のラインがくっきり。小さなタグの重ね付けがかわいい。

How to make

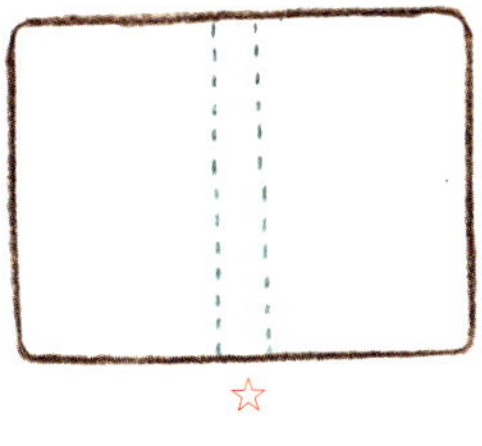

❶ 折った時にコの字になるよう内側の真ん中に２本カッターで薄く線を入れる。
☆包むものの高さに合わせて幅を決める。

❷ タグを通したゴムを掛ける。

菓子箱

かっちりとしたシンプルな形のお菓子の箱。その特徴を生かして、トランクを作ってみました。
トリコロールがかわいいレトロなラベルに青の持ち手を合わせました。

TIPS

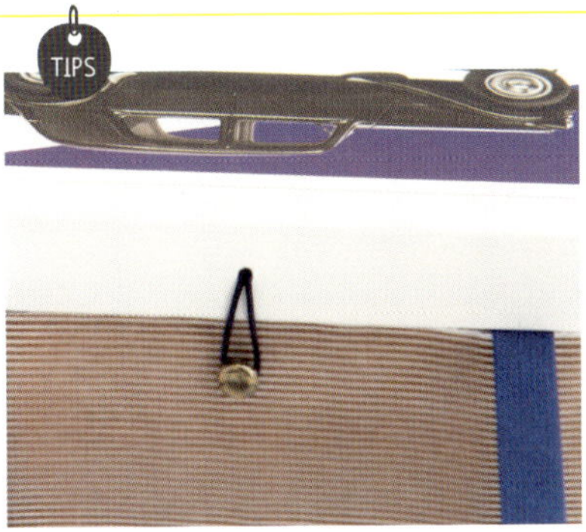

割鋲（ブラッズ）が便利2

割鋲を穴に差し込んで固定すれば、フックのできあがり。ゴムでとめたり、割鋲を2つ使って、ヒモを交差させたりして使います。実用性が高く、見た目が美しいので重宝します。

細長い形がかわいい。クラフトバンドの持ち手は割鋲でとめました。

How to make

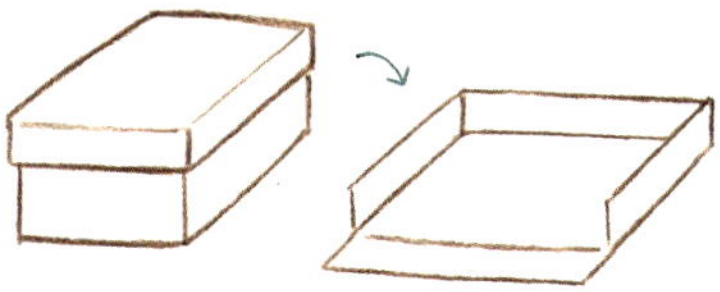

1 フタの2角を切る。

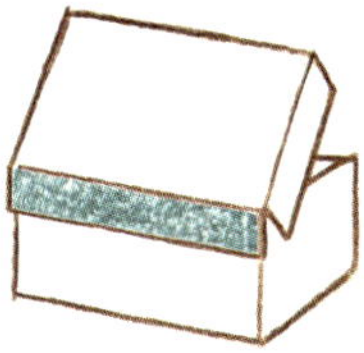

2 箱の本体に①を強力両面テープで貼る。

3 2つの紙袋の持ち手を向き合うように1つずつ両面テープで重ねて貼る。その上から幅広のマスキングテープをぐるっと1周巻きつける。

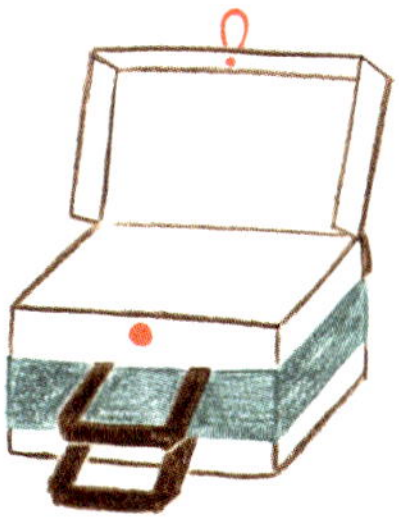

4 本体の箱とフタに1ヶ所ずつ穴を開け、本体の箱に割鋲をつけ、フタにはゴムを通し、裏で玉結びをする。

LA MAISON
RUSTIQUE

LA MAISON
RUSTIQUE

LA MAISON
RUSTIQUE
LIBRAIRIE FONDEE EN 1836
NEEDLE THREADER
HEXE

COLUMN

タグのかわいさは無限

例えば、海外旅行に行った時のレシートをコピーして好きな部分を切り取ります。
それを台紙に貼り付けるだけで、何倍もかわいくなるのがタグのすごいところ。
台紙はなんでもかまいません。
暮らしの中にはリサイクルできるものが溢れています。
クッキー缶の中に入っているペーパーシート、梱包に使われていた波状の厚紙……。

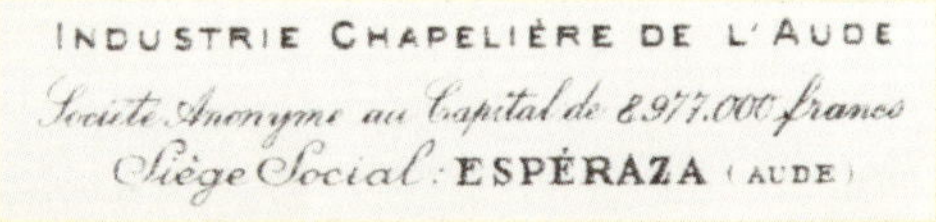

気に入ったデザイン部分のコピー

＋

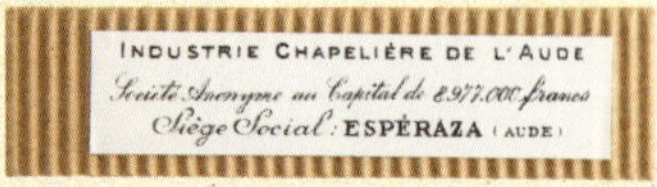

波状の厚紙

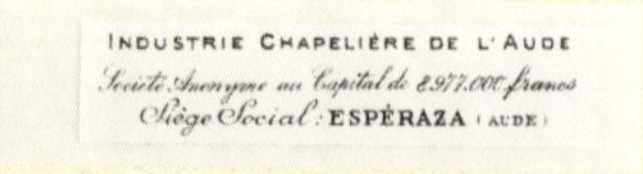

お菓子のシート

クラフト用紙

赤い波状の厚紙

青い厚紙

切符の裏面

chapter 5

紙コップ・
紙皿で包む

ボックス型

紙コップとハサミがあれば、すぐに作れる手のひらサイズのキュートなボックス。
丸みを帯びた愛らしいデザインに、ボーダーのラインが洗練された印象を与えてくれました。

白のコップにシンプルなラベル。黄色の紙ヒモを掛けてワンポイントに。

クラフトのコップにレトロなラベルを合わせてアンティーク風。

チェック柄に合わせた赤のヒモでキュートなリボン結び。

How to make

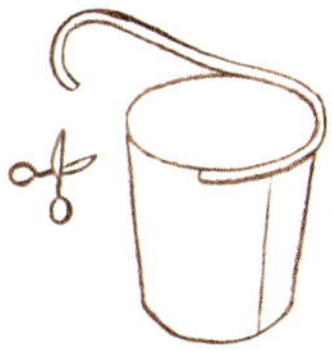

❶
紙コップのフチのくるんとした部分を切り取る。

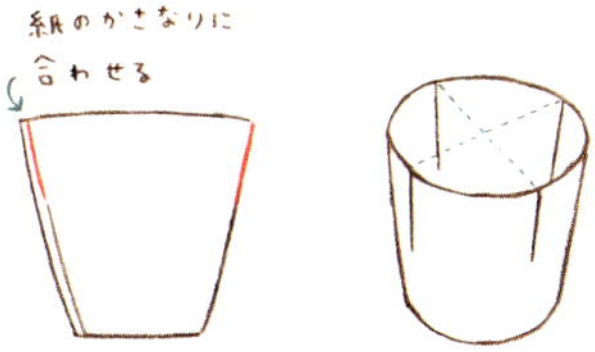

❷
紙コップ側面の合わせ目を起点に2等分にし、軽く折り目をつける。できた折り目を重ね、さらに2等分にし、全体を4等分する。

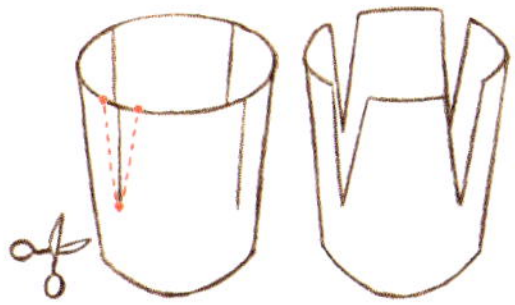

❸
下の表を参考にサイズを計り、印をつけ、三角にカットする。

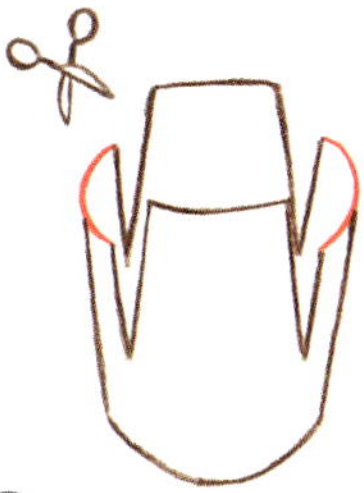

❹
向かいあった1組の上部を少し切り取り、形をととのえる。

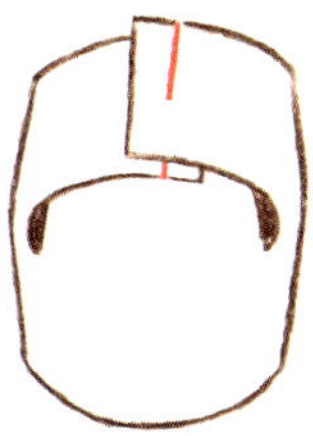

切り込み部分を交差させてとめる。

❺
❹でととのえた1組を内側へ折って重ねる。その上に残りの1組を合わせ、図のように重なりあった幅の½のところに切り込み（半分強）をたがい違いに入れる。

容量	切り込みの深さ	幅
205ml	下から 3.5㎝	折り目から左右 1㎝ずつ
275ml	下から 5㎝	
345ml 400ml	下から 6㎝	
450ml 480ml	下から 7㎝	折り目から左右 1.5㎝ずつ

ドリンクパック型

紙コップの口を折り重ねて、両端の形を整えたらコンパクトなパッケージができました。
パリの地図を巻いて、小さな標識のタグを付けました。

パープルのストライプに文字が引き立つ透明ラベル。

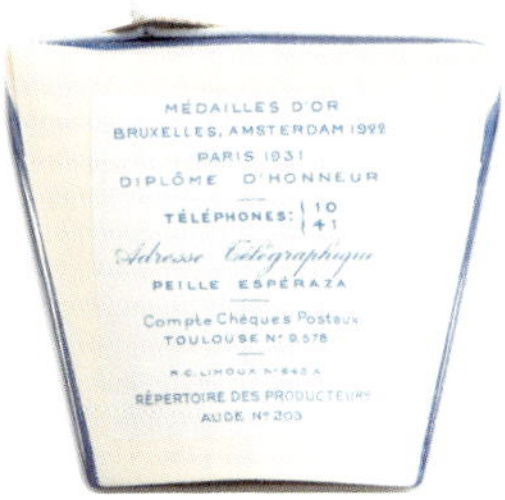

白×青。文字のデザインが美しいラベルが印象的。

クラフトに紺を合わせてシックな装い。タグは手芸ゴムに掛けて。

How to make

1
紙コップのくるんとした部分をのばす。

2
紙の合わせ目を中央にしてやさしくつぶす。

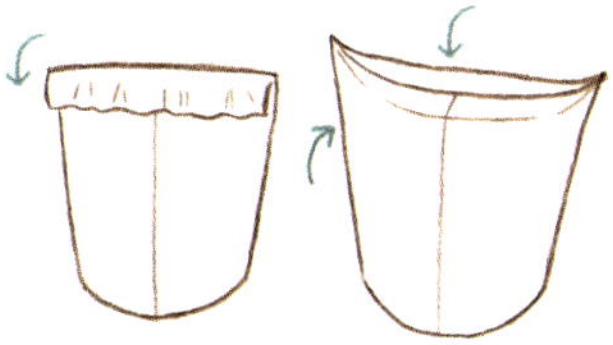

3
上から1㎝のところに折り目をつける。表側が上になるよう折り重ねる。

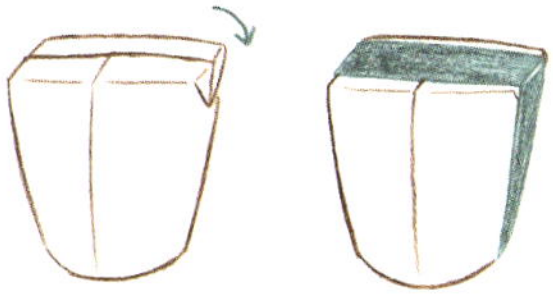

4
両サイドの耳を折り、マスキングテープでぐるっと1周巻きつける。

5
ブラッズでタグをとめた帯を巻いて、上部で切り込みを交差させてとめる。

バッグ型

ドリンクパック型を応用して両端にヒモを通すと、かわいい小さなバッグができあがります。
大好きなパン屋さんのロゴを貼って、素朴な雰囲気を出してみました。

イエローストライプにアンカーのチャームを添えてマリン風。

ドットにレースペーパーをあしらったガーリーな組み合わせ。

ラベルのデザインを選べば子供っぽくなりません。

How to make

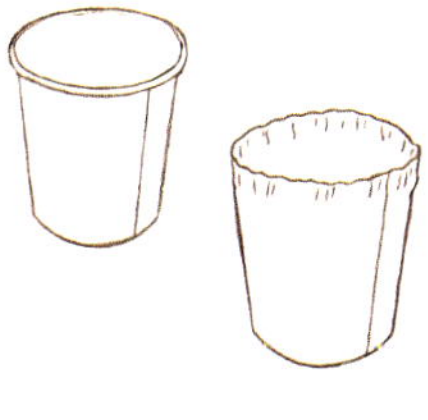

1
紙コップのくるんとした部分をのばす。

2
紙の合わせ目が中央にくるようにして、やさしくつぶす。

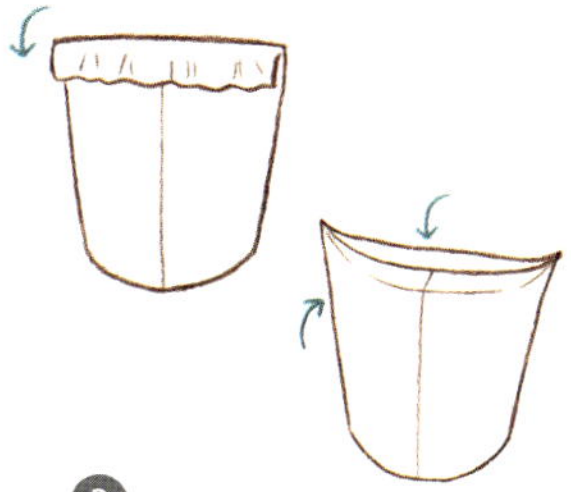

3
上から1cmのところに折り目をつける。表側が上になるよう折り重ねる。

4
両サイドの耳に千枚通しで穴を開け、ヒモを通して結んでとめる。

アイスカップ型

紙コップにフタをするだけで、すっきりとした佇まいになるから不思議です。
落ち着いたトーンにプリンのラベルとクロス掛けしたラフィアがかわいさを演出してくれました。

TIPS

こんな使い方が便利

適度な深さがあり、水気に強い特長を生かしてゼリーなどを入れるときに使えます。そのまま食品を入れることができる手軽さが使い方の幅を広げてくれます。

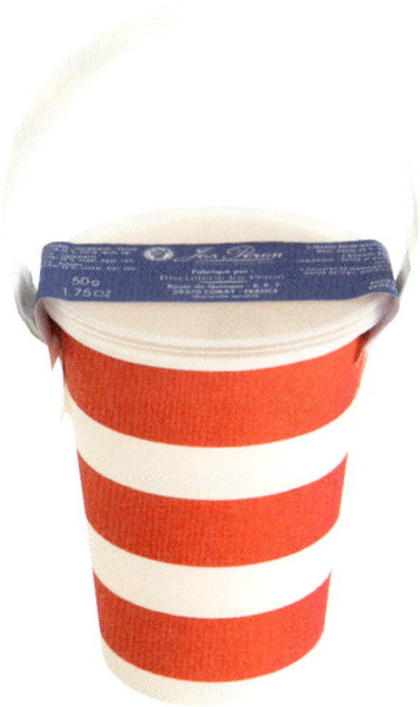

ハトメで平ヒモの持ち手を付けたカジュアルなバスケットタイプ。

ペリエボトルのラベルシール。サイズもデザインもぴったり。

How to make

❶ アイスのフタにラベルを貼り、紙コップにかぶせる。

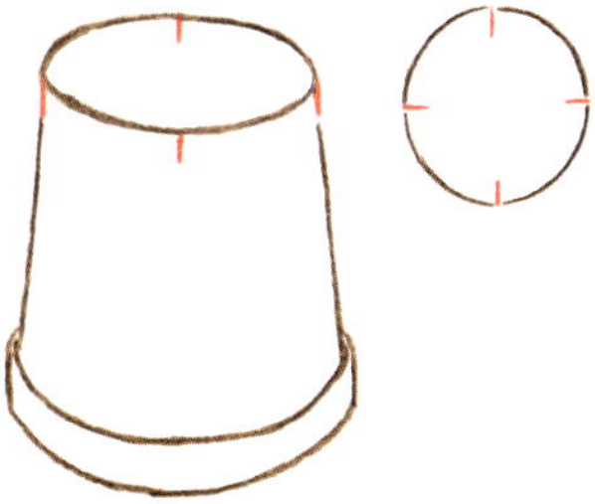

❷ ヒモがずれないように底の—の部分に切り込みを入れる。

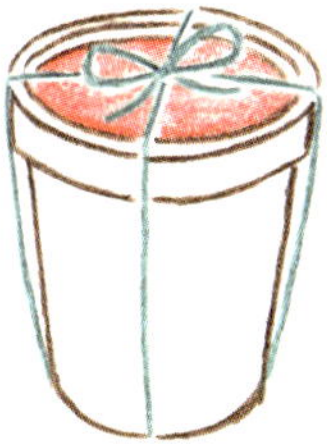

❸ 切り込みにヒモをかけ、結ぶ。

チーズ箱型

紙皿を使うラッピングを考えていた時、チーズ箱が思い浮かびました。
縁を立てると立体的になり、2 枚を組み合わせることで丸い箱ができ上がりました。

TIPS

タルトにぴったり

紙皿なので、そのまま食品を入れても大丈夫。上の皿は取り分ける時のお皿にもなるので、一石二鳥です。

クラフトにモカ色のリボンベルト。
茶系でしっとり大人っぽく。

レースペーパーを重ね、コサージュをあしらいフェミニンに。

How to make

1 紙皿のフチを少し立たせるようにほぐし、紙をなじませる。

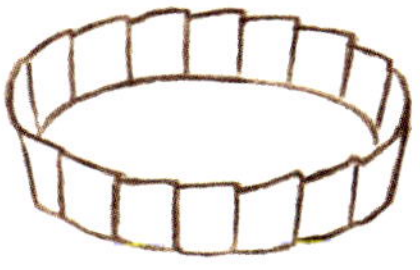

2 ギョーザを包む時のように、2、3㎝間隔でヒダを作って深皿状にする。

3 同じものをもう1つ作ってかぶせ、レースペーパーとヒモで飾る。

COLUMN

ハトメが大活躍！

エコ・ラッピングに欠かせないアイテムがハトメ。
「穴を開ける」「とめる」「飾る」だけでなく、
そこになんともいえない佇まいを醸し出してくれます。

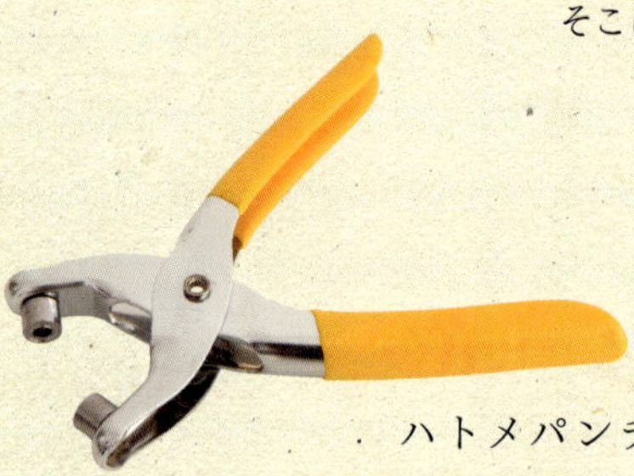

ハトメパンチ

いろんな種類がありますが、こちらは100円ショップで購入。あるとエコ・ラッピングの幅が広がります。

ハトメ

この本では内径5ミリのものを使用しています。真鍮製やステンレス製などがあります。

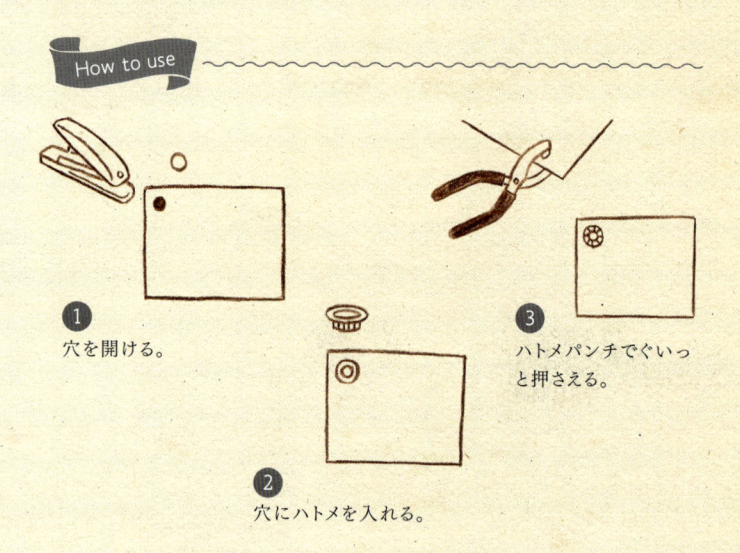

How to use

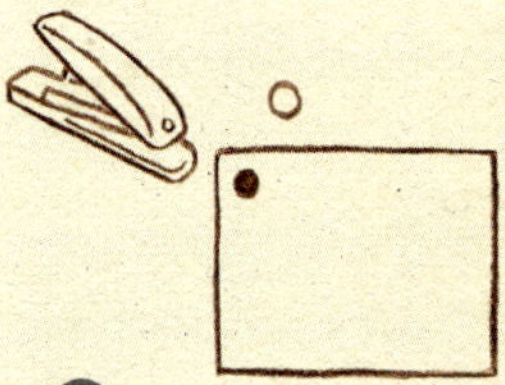

1 穴を開ける。

2 穴にハトメを入れる。

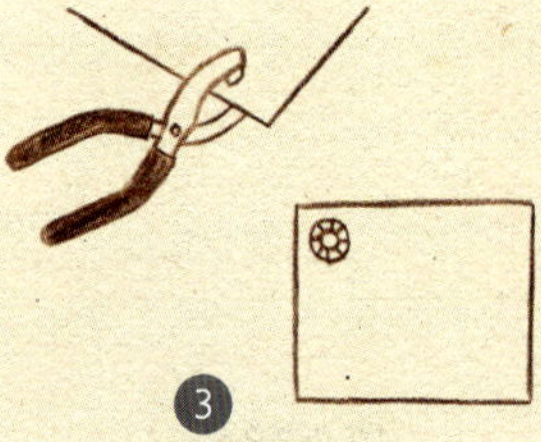

3 ハトメパンチでぐいっと押さえる。

しっかり装着

ハトメの特長はしっかり装着できること。持ち手をつけるのに便利です。しかも、持ち手は動かせます。

何枚か重ねてとめる

このように何枚かの紙を重ねてとめることができるので、タグの重ねづけで表情をプラスできます。

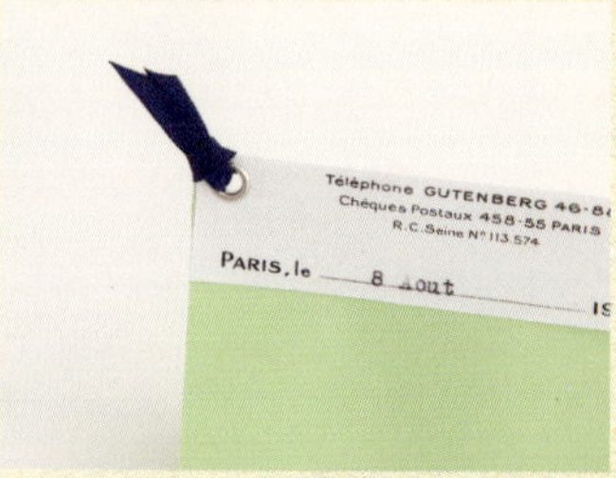

穴を利用

ハトメの利点は、穴を開けつつ補強できるという点です。このようにリボンを飾ってもいいですし、ヒモを通して持ち手にすることも。

chapter 6

食品パックで包む

プランター

丈夫で水もれしないペットボトル。小さな鉢植えや苗を贈るときに便利です。
仏字新聞にラフに包まれた感じが、さりげなくかわいさを演出しています。

TIPS

一輪挿しには500ml

切り取った上部を逆さまにして差し込むと、茎の固定ができる上に、持ち運ぶ時に水がこぼれません。

How to make

1 500mlペットボトルの上から⅓あたりを切る。

2 切り取った上の部分を逆さまにして中に入れる。

3 フチを合わせてマスキングテープでとめる。

4 両端に穴を開けてヒモを通したり、ラベルを巻いて飾る。

How to make

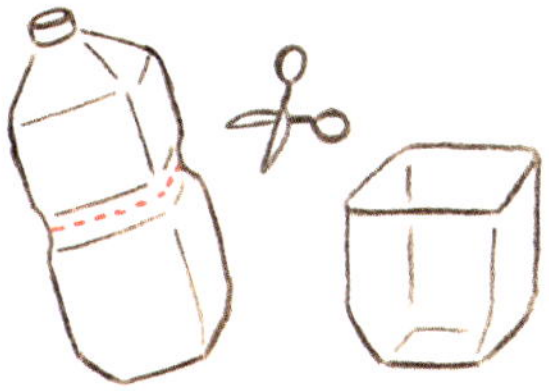

1 2ℓのペットボトルのくびれ部分からハサミを入れ、フチをきれいにカットする。

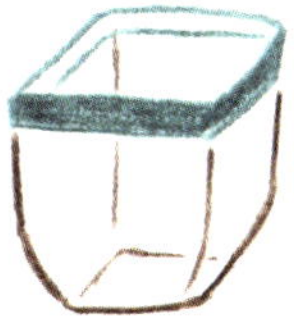

2 フチにマスキングテープを貼る。

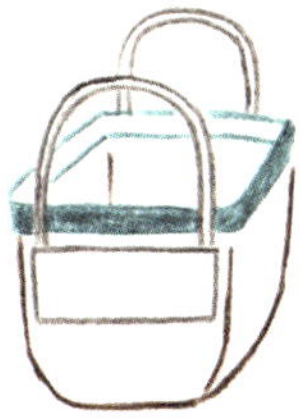

3 紙袋の持ち手を強力両面テープで貼りつけ、ラベルで飾る。

パニムール型

牛乳パックで手軽に作れるパニムール型。好きな柄を貼って、表情の違いを楽しめます。
アメリカンな雰囲気の赤のドット柄に、ボールドーナツがよく似合います。

TIPS

ドーナツなどの油物にも

素材は直接食品を入れられる牛乳パック。耐油性はありませんが、防水加工＋表面に紙を貼るので、油分の染み出しがあまり気になりません。

正方形型にクラフトバンドの持ち手。リネン布のコピーを貼って。

大好きなリバティ柄の布をコピー。紺地に白の小花柄がかわいい「カペル」。

How to make

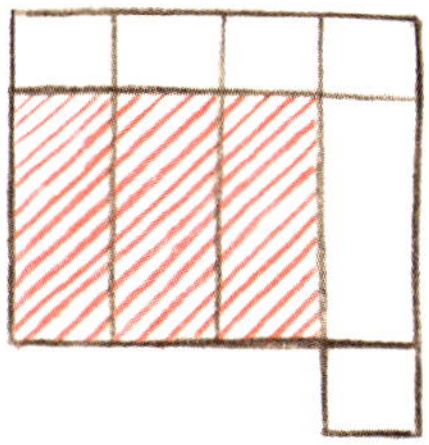

1
合わせ目から牛乳パックを切り開いて、赤いところを切り取る。外側に好きな紙を貼る。

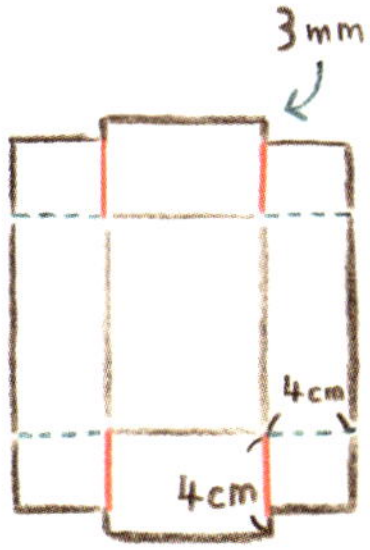

2
図のようにカットする。
---- 線はカッターで薄く線を入れる。
―― 線は切り込みを入れる。

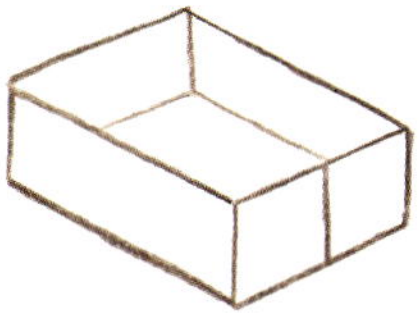

3
組み立てて強力な両面テープでとめる。

ケーキ型

手のひらにのる小さな真四角の形が愛らしい豆腐パック。
レースペーパーで表面を包んだら、シュガーケーキのような美しさに見とれてしまいました。

TIPS

レースペーパーさえあれば

一見、チープな豆腐パックもレースペーパーをかぶせることでグッとかわいくなります。最近は白だけでなく、いろんな色のレースペーパーがあるので楽しめます。

ワックスペーパーの透け感にアンティークの柄と色合いが馴染む。

斜めに掛けたリボンと細かな文字が洗練された甘さを引き出す。

How to make

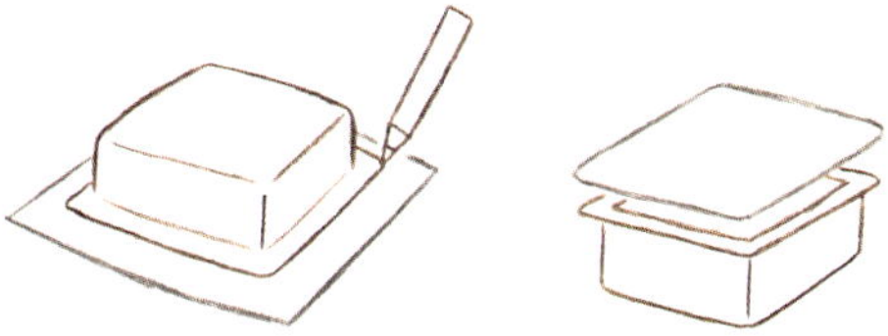

1
豆腐パックのフチの大きさに合わせて厚紙を切る。

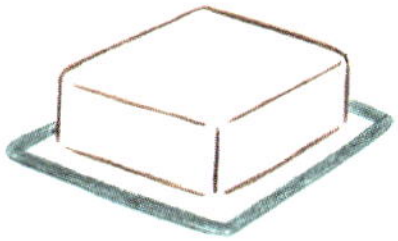

2
フチをマスキングテープでとめる。

3
レースペーパーやリボンで飾る。

merveilleuse. Un petit cadeau pou
Pour toi. Pour
petit cadeau
r. Un petit cadeau pour toi. Pour
MERCI
C'est délicieux!

ランチパック

イチゴパックを2つ合わせて作るランチパック。真ん中のくぼみにラベルを貼って、
マスキングテープで封をしたら完成。並んだサンドイッチがなんだか楽しそうに見えます。

TIPS

卵パックも楽しい

4個入りの卵パックも便利です。コンパクトサイズで見た目もかわいい。お菓子やおにぎりなどを入れても楽しめます。

ワックス薄葉紙で全体を包み、赤の文字がかわいいタグを付けて。

カフェメニューを印刷した透明シールを帯にしました。

How to make

1 イチゴパックのフチの曲がっている部分を切り取る。

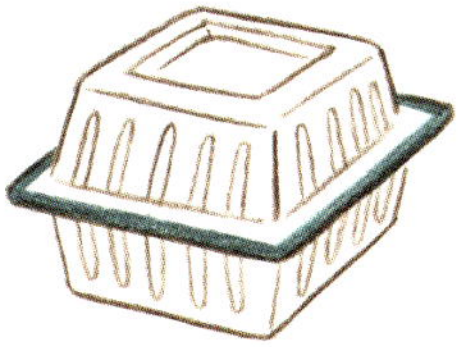

2 2つ重ねてマスキングテープでとめる。

3 真ん中のくぼみに合わせてラベルを貼る。

フラット型

丸みを帯びた長方形の形と、ほどよい厚みが魅力の食品トレー。
底を表面にすると、どこかキャンバスのよう。地図に標識をのせてパリの街を少しだけ切り取りました。

エールフランスのポストカードには
トリコロールが似合う。

ストライプに仏字新聞の帯を巻い
て、タグをワンポイントに。

黒のトレーにモノクロのポストカー
ド。タグを重ねて彩りをプラス。

How to make

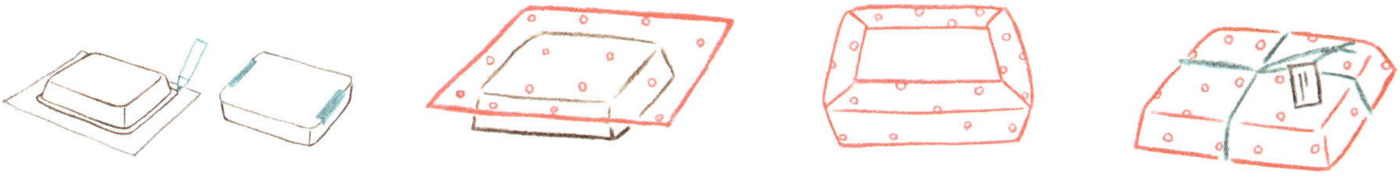

❶ トレーのフチの大きさに合わせて
厚紙を切って、テープでとめる。

❷ トレーの上に紙をかぶせる。

❸ 裏を両面テープでとめる。

❹ リボンやヒモをかける。

ケース型

ケースの大きさに合わせて厚紙でカバーを作ったら、立派なパッケージになりました。
花柄にレースをあしらって、乙女チックに仕上げました。

仕切りがかわいい和菓子のケースをオーブンシートで包みました。

イチゴパック。ベージュ×茶。白いカードをリボンに付けて。

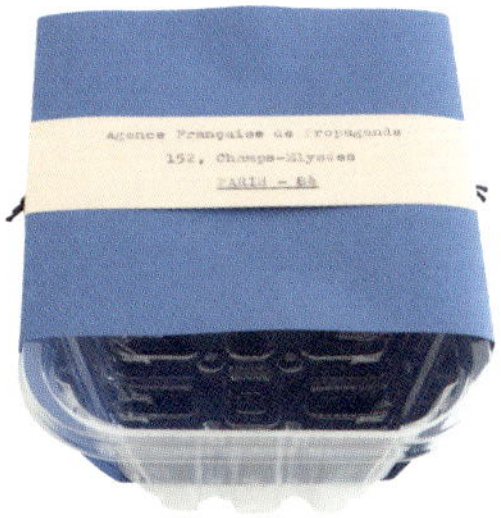

マッシュルームのケース。青のカバーにベージュのラベルでシックに。

ごま豆腐のケース。リボンとシートのアレンジをプラスしました。

How to make

1
イチゴパックの幅と周囲の長さに合わせ、のりしろ分も含めて厚紙を切る。図のようにパックに沿って折り、両端を両面テープで貼り合わせる。

2
①のカバーの中にパックを入れ、包装紙を巻く。

COLUMN

レシート、ラベル、切符は捨てない！

すべてのゴミは宝の山――。
いつも「これをどうしたら、かわいく変身させられるか」と考えています。
例えばスーパーマーケットのレシート、地下鉄の切符、お菓子のラベルや箱……。
じっと見つめていると、レシートたちが「私のココをタグにしたらかわいいよ！」
と訴えかけてくるんです（笑）。
どうぞ、みなさんも楽しみながらオリジナルのタグやラベル作りにハマってください。

古いイニシャルリボンの箱（上）。色と文字が味わい深い。ガレットのパッケージ（下）。裏面も側面も違うデザインで使えます。

バターの包み紙（右）とプリンのラベル（左）。フードパッケージの容量や材料などの記載部分は、デザイン性が高く、幅広く使えて便利です。

フランスの郵便伝票

フランスの郵便局に行った時にもらってきました。イエローとブルーのカラーリングもさる事ながら、絶妙のデザインと活字のかわいさに一目惚れ。バーコードを含めたヘッド部分を好きなサイズに縮小・拡大コピーしてラベルにしています。LA POSTEというロゴもかわいいので、ここだけコピーしてタグに。

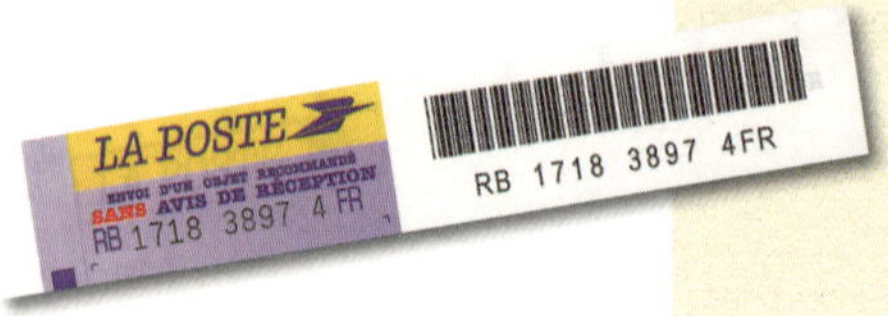

ショップカードも住所や地図がワンポイントに使えます。

パリのメトロMAP

コピーするだけでオリジナル包装紙のできあがり。私はこのMAP包装紙がお気に入り。単色でもいいし、カラーコピーでも◎。さらにメトロの切符を飾れば、気分はパリ！

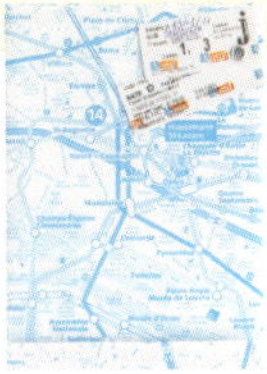

垢抜けた印象を作るコツの1つは、数字とアルファベットを組み合わせること。ロゴやナンバリングは、活用範囲が広く大変便利。

郵便物の消印や、切手、メトロの切符も貴重な素材。実際に使われているものにはパリを感じさせる力があり、欠かせない存在。

昔の手紙の宛名部分（上）。消印や切手、独特な手書きの文字が魅力。ポストカード（右）は、気軽にアート作品を取り入れられます。

昔の手芸用品のデザインも素晴らしい。糸が巻かれていた台紙の構図が秀逸。手書き文字入りの値札も絶妙。アクセントに効果的。

お気に入りの布

布もコピーして包装紙に大変身。大好きなリバティやアンティーク柄など、好きな布をコピーするだけ。コピーすることで微妙な布目が出て、どこにもない包装紙が作れます。

レシートにはかわいい要素がたくさん。お店の名前、住所、電話番号、商品名、値段など文字と数字の組み合わせの多さが魅力。

Natural Value
Natural Waxed Paper
75

正林恵理子

（しょうばやし・えりこ）

包装作家®、助産師。
お菓子作りを学ぶためパリで1年暮らす。帰国後、自作のお菓子をいかにかわいく、お金をかけずに包めるかを考えたことがきっかけでラッピングを追究するようになる。著書に『エコ・ラッピング』『パリで学んだ収納術』（大和書房）がある。

もっとエコ・ラッピング

思《おも》わず誰《だれ》かにプレゼントしたくなる

2014年11月5日　第一刷発行

著者　正林恵理子《しょうばやしえりこ》

発行者　佐藤　靖

発行所　大和《だいわ》書房

東京都文京区関口1-33-4

電話　03-3203-4511

ブックデザイン　塚田佳奈（ME & MIRACO）

写真　元家健吾

スタイリング　荻野玲子

イラスト　亀井英里

校正　メイ

印刷所　凸版印刷

製本　ナショナル製本

企画・編集　長谷川恵子（大和書房）

ISBN978-4-479-92083-0

乱丁本・落丁本はお取り替えいたします。

http://www.daiwashobo.co.jp